Tim Schlüter
Michael Münz

30 Minuten

Twitter, Facebook, XING & Co.

Bibliografische Information Der Deutschen Nationalbibliothek

Die Deutsche Nationalbibliothek verzeichnet diese Publikation in der Deutschen Nationalbibliografie; detaillierte bibliografische Daten sind im Internet über http://dnb.d-nb.de abrufbar.

Wird empfohlen von

N24

Umschlag und Layout: die imprimatur, Hainburg
Titelbild: fotolia.com
Lektorat: Friederike Mannsperger, Offenbach
Satz: Zerosoft, Timisoara, Rumänien
Druck und Verarbeitung: Salzland Druck, Staßfurt

Werden Sie Fan von uns auf facebook.com
Follow us on twitter

3. Auflage 2010

Hinweis:
Das Buch ist sorgfältig erarbeitet worden. Dennoch erfolgen alle Angaben ohne Gewähr. Weder Autor noch Verlag können für eventuelle Nachteile oder Schäden, die aus den im Buch gemachten Hinweisen resultieren, eine Haftung übernehmen.

Printed in Germany

ISBN 978-3-86936-077-5

Abonnieren Sie unseren Newsletter unter:
www.gabal-verlag.de

In 30 Minuten wissen Sie mehr!

Dieses Buch ist so konzipiert, dass Sie in kurzer Zeit prägnante und fundierte Informationen aufnehmen können. Mithilfe eines Leitsystems werden Sie durch das Buch geführt. Es erlaubt Ihnen, innerhalb Ihres persönlichen Zeitkontingents (von 10 bis 30 Minuten) das Wesentliche zu erfassen.

Kurze Lesezeit
In 30 Minuten können Sie das ganze Buch lesen. Wenn Sie weniger Zeit haben, lesen Sie gezielt nur die Stellen, die für Sie wichtige Informationen beinhalten.

- Alle wichtigen Informationen sind blau gedruckt.

- Schlüsselfragen mit Seitenverweisen zu Beginn eines jeden Kapitels erlauben eine schnelle Orientierung: Sie blättern direkt auf die Seite, die Ihre Wissenslücke schließt.

- *Zahlreiche Zusammenfassungen innerhalb der Kapitel erlauben das schnelle Querlesen. Sie sind blau gedruckt und zusätzlich durch ein Uhrsymbol gekennzeichnet, sodass sie leicht zu finden sind.*

- Ein Register erleichtert das Nachschlagen.

Inhalt

Vorwort

Willkommen im neuen Internet!

Internetplattformen wie z. B. XING, Twitter, Facebook und Co. – die sogenannten Social Media – haben einen medialen und gleichzeitig sozialen Paradigmenwechsel eingeleitet: Immer mehr Menschen schreiben selbst im Internet, veröffentlichen mit einem Mausklick eigene Inhalte – und das auch immer schneller.

Wissen „live"

Egal ob Flugzeugabsturz, Wahlergebnis, Aktienkurs oder Produktfehler: Im „neuen" Internet, dem „Web 2.0", mit seinen Social Media erhalten wir Informationen schneller als je zuvor. Sobald jemand am Handy oder am Computer den Senden-Knopf drückt, ist die Meldung weltweit automatisch auf Milliarden Computern und Handys abrufbar. Über Erdbeben wird ebenso berichtet wie über Staus, Politik- oder Unternehmensnachrichten. Dies hat die Nutzungsmöglichkeiten dramatisch verändert und damit auch unser Verständnis von Information. Jeder Einzelne kann jetzt zu einer weltweit beachteten Stimme im Netz werden, sich in Echtzeit über Ereignisse und die eigenen Lieblingsthemen informieren und sich mit Gleichgesinnten über Grenzen hinweg austauschen.

Wer Social Media beherrscht, hat damit einen Schlüssel zu unendlich viel praktisch nutzbarer Information.

Zugleich aber bringen Social Media auch Risiken mit sich. Nur wer mit ihnen umzugehen weiß, wird optimal mit ihnen arbeiten. Schließlich wollen wir ja die Kontrolle behalten über das, was man im neuen Internet über uns, unsere Firma oder unsere Freunde berichtet.

Lernen Sie daher in diesem Buch,

- welches die wichtigsten Plattformen sind,
- wie Sie sie zielgerichtet nutzen,
- wie Sie per Social Media Kontakte knüpfen,
- wie Sie mit Risiken im neuen Netz umgehen.

Viel Erfolg wünschen Ihnen

Tim Schlüter Michael Münz

1. Was sind Social Media?

„Social Media“ oder auch „Social Networks“ sind Sammelbegriffe für Internet-Plattformen, die zum Austausch von Meinungen, Informationen und Erfahrungen dienen, egal ob als Text, Bild, Audio oder Video. Bekannte Plattformen sind XING, Twitter und Facebook, die wir Ihnen in diesem Band vorstellen.

1.1 Social Media – was steckt dahinter?

Social Media haben seit dem Jahr 2009 stark an Bedeutung gewonnen. Es war das Jahr, in dem ein Flugzeugabsturz über Twitter schneller gemeldet wurde als über den Nachrichtensender CNN. Im selben Jahr erfuhr ein Großteil der Welt über Facebook und Twitter viel über die Präsidentschaftswahl im Iran und eine Beinahe-Revolution. Zugleich begannen Unternehmen, sich des Phänomens „Social Media“ bewusster zu werden. Erstmals wurde zum Beispiel eine Pressekonferenz per Facebook übertragen. Und: Der Duden nahm das Wort „twittern“ in das Standardwerk auf.

Der Begriff „Social Media“ ist deshalb passend, weil er die zwei wichtigsten Komponenten des Phänomens enthält:

Media
Die Plattformen funktionieren tatsächlich in gewisser Weise wie klassische Medien. Sie transportieren und multiplizieren Information von einzelnen Sendern zu vielen Empfängern. Sie liefern Nachrichten und Unterhaltung. So wie Sie es von Radio, Fernsehen und Zeitung kennen.

Im Unterschied zu klassischen Medien können die Empfänger, wenn sie wollen, aber zugleich auch senden, d. h. anderen ihr Wissen, ihre Nachrichten ebenfalls mitteilen. Aus der Einbahnstraße klassischer Massenmedien wird bei Social Media ein Mehr-Wege-System.

Wichtig dabei und oft falsch berichtet: Man muss nicht zwingend selbst senden, um empfangen zu können. Niemand ist gezwungen, sein Privatleben im Netz zu veröffentlichen. Sie können z. B. Twitter-Nachrichten durchaus lesen, ohne überhaupt Mitglied zu sein, geschweige denn selbst zu „twittern“. Auch bei anderen Netzwerken können Sie sich zurückhalten, während Sie dennoch vollen Zugriff auf die Nachrichten und Informationen anderer haben. Wir empfehlen Ihnen das, zumindest zu Beginn, sogar. Mehr dazu im Kapitel 1.3.

Social

Wie kommt nun der Begriff „Social“ ins Spiel? Das liegt an den Verbindungen zwischen Sendern und Empfängern, die die Plattformen schaffen. Durch sie entstehen kleine oder auch größere Gruppen von Menschen mit Gemeinsamkeiten. Es finden sich kleine Gemeinschaften, deren Angehörige untereinander sozial agieren. Wie das aussieht, erfahren Sie am besten, wenn Sie es ausprobieren. Wir zeigen Ihnen, wie Sie das langsam, vorsichtig und risikoarm tun können.

Social Media beruflich nutzen

Social Media können auch in Ihrem beruflichen Umfeld eine Relevanz haben.

Hier ein paar Beispiele, wie Sie die Angebote gewinnbringend nutzen können.

Sie können

- sich ein Adressbuch anlegen, das sich selbst aktualisiert (mit XING),
- sich eine individuelle (Fach-)Zeitung zusammenstellen (mit Twitter),
- Expertenratschläge einholen (z. B. mit Twitter),
- sich, Ihr Unternehmen und dessen Produkte mit Videos und Fotos präsentieren und mit (potenziellen) Kunden und Partnern in einen Dialog treten (mit Facebook),
- Kundenmeinungen zu Ihrer Firma oder Ihrem Produkt recherchieren (über Twitter),
- einen eigenen Videokanal zu Ihrer Firma oder Ihrem Angebot eröffnen (über YouTube),
- Ihren Kundenstamm pflegen und erweitern (über alle Netzwerke).

Darüber hinaus lohnt sich ein Kennenlernen des Prinzips Social Media, weil Sie damit schlicht Kompetenz in einer immer wichtiger werdenden Kommunikationsart erwerben. Niemand kann sagen, welche Netzwerke dauerhaft überleben werden – die Prinzipien dahinter werden aber bleiben.

Social Media ermöglichen das Senden und Empfangen von Nachrichten. Die Richtungen sind dabei unabhängig voneinander. Wer empfängt, muss nicht senden, und wer sendet, muss nicht empfangen. Auch beruflich können Sie von Social Media profitieren.

1.2 Wie funktionieren Social Media?

Gleichgültig, welches soziale Netzwerk Sie sich anschauen, das dahinterstehende Prinzip ist fast immer dasselbe.

Ein geschäftiges Lagerhaus
Am einfachsten stellen Sie sich XING, Twitter oder Facebook wie ein riesiges Lagerhaus vor, mit vielen unterschiedlichen Regalen.

Alle, die bei dem jeweiligen Lagerhausbetreiber, den Unternehmen XING AG, Facebook Corp. etc., mitmachen, können dort zunächst einmal Informationen abholen. Der Lagerhalter stellt dabei viele Dienste an der Laderampe zur Verfügung. Er lässt sozusagen viele Gabelstapler schnell durch das Lager fahren, um uns alle immer blitzschnell bei dem, was wir abholen wollen, zu bedienen.

Der Gewinn des Lagerhausbetreibers: Er erfährt so von uns, was wir am liebsten mögen, und kann uns bei unserem Besuch beispielsweise individuelle Werbung anbieten – uns als Abholern der Informationen sozusagen jeweils einen genau passenden Prospekt hinter die Scheibe klemmen.

Sie können bei dem Lager natürlich auch anliefern: Ihre Informationen stehen dann den anderen Nutzern zur Verfügung. Sie greifen auf Dienste des Lagerhausbetreibers zu, um mit den anderen Nutzern Nachrichten, Fotos oder Videos auszutauschen.

Auf Ihren Wegen durch die Regale treffen Sie einerseits Anbieter, die Sie schon lange – vielleicht sogar persönlich – kennen. Andererseits lernen Sie eventuell aber auch neue kennen und deren Informationen schätzen. So entsteht und wächst mit jedem Lagerhausbesuch Ihr persönliches Netzwerk. Genau so passiert es nun auch online im Internet auf den verschiedenen Plattformen.

Social-Media-Werkzeuge ermöglichen den einfachen Austausch von Nachrichten, Daten oder Meinungen. Sie schaffen zugleich netzartige Verbindungen und persönliche Kontakte zwischen den Schöpfern dieser Nachrichten, Daten und Meinungen. All das passiert an einem zentralen Ort, der jeweiligen Social-Media-Plattform eben.

1.3 Risiken und Nebenwirkungen: Wie schützen Sie sich?

Wenn Sie sich das Lagerhausprinzip vergegenwärtigen, wird deutlich: Gehandelt wird in diesem Feld mit Daten, mit Privatsphäre. Wenn Sie etwas in einem Netzwerk veröffentlichen wollen (was Sie nicht müssen, dazu später), so geben Sie die Hoheit über Ihre Daten in jedem Fall an den Betreiber dieses Netzwerks, mit allen Risiken, die das beinhaltet. Es ist vergleichbar mit einem Zeitungsinterview, das Sie geben: Die Verantwortung für einen guten Umgang mit dem von Ihnen Gesagten liegt von dem Moment an bei dem Zeitungsverlag. Dieser wird schon aus eigenem Interesse gut mit Ihren Aussagen umgehen wollen. Auch das Überleben eines

Netzwerkbetreibers hängt vom guten Umgang mit den Daten der Nutzer ab. Andererseits kann bei einem Zeitungsverlag auch jemand einbrechen und Ihre nicht zur Veröffentlichung bestimmten Aussagen finden. Ebenso können Hacker in die Server von Netzwerken einbrechen und Zugang zu Daten haben, die gar nicht für die Öffentlichkeit bestimmt waren. Es lohnt sich also, vor dem Engagement in einem Netzwerk Vor- und Nachteile abzuwägen. Dabei kommt es darauf an, dass Sie sich nicht nur für die Teilnahme bzw. Nicht-Teilnahme entscheiden, sondern mit dem Wissen um die in diesem Buch beschriebenen Funktionen und Möglichkeiten die Netzwerke gezielt auswählen und dosiert genau so einsetzen, wie es Ihnen nützt.

Sie müssen nicht veröffentlichen (!)

Sie können Social Media nutzen, ohne selbst etwas von oder über sich zu veröffentlichen. Niemand muss seine Privatsphäre preisgeben, um einen Einblick in die neuen Technologien zu gewinnen. Natürlich ist es im Interesse der Betreiber, dass möglichst viele Menschen mit möglichst vielen Informationen die Regale eines Lagerhauses befüllen. Das Interesse der Betreiber und das Handeln anderer müssen aber noch lange nicht auch das sein, was in Ihrem Interesse liegt. Unser Tipp daher: Beginnen Sie langsam und machen Sie auf möglichst sicherem Grund Ihre eigenen Erfahrungen. So können Sie lernen und profitieren – ohne sich im Internet „nackt“ und schutzlos zu fühlen.

Vorteile durchs Mitmachen

Das Veröffentlichen von Informationen kann auch in Ihrem Interesse sein. Denn häufig haben schon andere etwas über uns veröffentlicht: sei es über eine Absolventenliste Ihrer Hochschule oder über die Teilnehmerliste des letzten Seminars, das Sie besucht haben. Wenn Sie dieses Bild ergänzen und beeinflussen wollen, können Sie dies über Social Media tun. Außerdem: Nur wer im Internet vertreten ist, wird auch gefunden. Viele Kunden tauschen sich in Social Media über Produkte und Unternehmen aus. Für einen Dialog mit der Kundschaft kann die Präsenz auf entsprechenden Plattformen sinnvoll sein, ob nun als Person, in Ihrer beruflichen Funktion oder als Firma.

Für den Beginn geben wir Ihnen folgende Tipps:

Fangen Sie langsam an
Ob und wie Sie in einem sozialen Netz sichtbar sein wollen, liegt ganz bei Ihnen. Sie entscheiden,

- in welchem Umfang Sie Daten eingeben,
- wer diese Daten sehen darf – und wer nicht (das können Sie einstellen),
- ob Sie aktiv oder nur passiv sind.

Bei den meisten Social-Media-Sites reichen zu Beginn ein Username und eine E-Mail-Adresse (die nicht veröffentlicht wird), um zu testen, wie das Netzwerk funktioniert und ob es Ihnen zusagt. Bei Twitter brauchen Sie noch nicht einmal das, um zu testen, ob oder wie Sie das Netzwerk beruflich (oder privat) einsetzen können oder wollen. Mehr dazu im Kapitel „Twitter". Mit nur wenig Aufwand können Sie langsam, quasi als Zuschauer von der Tribüne, die Funktionsweise des Netzwerks beobachten – und lernen. Dabei können Sie die Etikette und Tricks der anderen Mitglieder studieren, bevor Sie – wenn Sie wollen – selbst aktiv werden. Es ist wie auf einer Party mit vielen fremden Gästen: Dort würden Sie sicher auch zunächst einmal nur schauen und sich zurückhalten, bevor Sie sich bei den Gesprächen aktiv einbringen.

Tipp: Schauen Sie sich in der Rubrik „Einstellungen" der jeweiligen Netzwerke die Möglichkeiten zum Schutz der Privatsphäre an. Mehr dazu erfahren Sie in den Kapiteln zu den einzelnen Websites.

Beachten Sie Google

Suchmaschinen wie Google haben auf öffentliche Bereiche von Social Networks Zugriff. Und sie merken sich in der Regel das, was sie dort finden, länger als die Netzwerke selbst. Ausprobieren können Sie das, wenn Sie einmal ein paar Namen googeln, die Sie kennen – vielleicht auch Ihren eigenen. Damit Sie künftig nur dort erscheinen, wo Sie möchten, können Sie bei Bedarf in Netzwerken wie XING und Facebook die Google-Auffindbarkeit ausschalten. Wie das geht, erklären wir in den entsprechenden Kapiteln.

Auftritt mit Bedacht: Ihr Username

Wichtig ist für Ihre Kommunikation in sozialen Netzwerken immer Ihr sogenannter „Username", den Sie bei der Anmeldung vergeben. Bei XING macht es Sinn, dass dieser Username nah an Ihrem tatsächlichen Namen ist. Bei anderen Netzwerken kann ein Funktionsname (z. B. Projektleiter) sinnvoll sein, um zu verhindern, dass alle Aussagen, die Sie treffen, direkt an Ihre Person gebunden sind. Zu Beginn kann auch ein Fantasiename (z. B. tester34) sehr sinnvoll sein, um zu verhindern, dass Ihre ersten Tests gleich unter Ihrem Namen weltweit und für immer im Netz stehen. In jedem Fall sorgen von Ihnen getrennte Usernamen dafür, dass im Fall von eigenen Fehlern oder Unfällen nur die Funktion/Firma/der Fantasiename betroffen ist, nicht Sie als Person. Auch wenn es im Netz eine Tendenz dazu gibt, mit Klarnamen (also den realen Namen) aufzutreten, empfehlen wir Ihnen: Entscheiden Sie sich erst dann dafür, wenn Sie sich sicher fühlen, sich aller Implikationen des öffentlichen Auftretens wirklich bewusst sind.

Achtung: Vertraulichkeit von Daten

Nicht nur Suchmaschinen kopieren und verbreiten Informationen. Auch Daten, die vielleicht nur für ein kleines Publikum, z. B. Ihre Kollegen und Kontakte, gedacht sind, können von diesen weitergereicht werden – auch außerhalb eines eigentlich geschlossenen Kreises. Das ist wie bei einer vertraulichen E-Mail, die trotzdem weitergeleitet wird. Daher gilt:

- Geben Sie auch in geschützten Kreisen nichts Kompromittierendes heraus.
- Weisen Sie Freunde, die nach Ihnen mit Social Media beginnen, auf die Wirkungsweisen der Netzwerke hin.

Vorsicht mit Privatem

Ein Beispiel: Eine Frau hatte sich bei ihrem Arbeitgeber krankgemeldet mit der Aussage, sie könne heute nicht am Bildschirm arbeiten. Im Laufe des Tages aber schrieb sie Einträge bei Facebook. Der Arbeitgeber erfuhr davon und legte dies als Bildschirmarbeit aus. Die Krankmeldung wurde somit als Betrug bewertet, die Frau verlor ihren Job.

Tipp: Veröffentlichen Sie nie etwas über Krankheiten, Geldthemen, Streitigkeiten und dergleichen. Veröffentlichen Sie nicht unter starken Gefühlen oder Alkoholeinfluss.

Vorsicht mit Informationen über andere

Doch nicht nur Sie selbst können durch Ihre Veröffentlichungen theoretisch Schaden nehmen, Sie können auch – unbeabsichtigt – die Rechte anderer verletzen. Jeder Mensch und jede juristische Person hat ein Recht auf informationelle Selbstbestimmung. Da dieses Recht im Einzelnen relativ kompliziert ist, empfiehlt es sich, Veröffentlichungen über andere schlichtweg sein zu lassen.

Beachten Sie Firmenrechte

Viele Firmen haben Pressestellen oder Geschäftsführungen, die sich um die zentrale Kommunikation ihrer Firmen kümmern. Wenn Sie sich über Ihren Arbeitgeber äußern wollen, sollten Sie nachfragen, ob Sie diese bestimmten Informationen veröffentlichen dürfen. Vielleicht gibt es in Ihrer Firma ja auch bereits eine sogenannte „Social Media Policy". Das ist eine Richtlinie, in der festgelegt ist, ob und wie welche Mitarbeiter auf welchen sozialen Plattformen im Internet etwas veröffentlichen dürfen oder sogar sollen. Viele Unternehmen veröffentlichen ihre Richtlinien auch frei zugänglich im Internet. Darin enthalten sind häufig Tipps zur Verwendung von Social Media, die auch für Personen einen Mehrwert bieten, die nicht in diesem Unternehmen arbeiten.

Fazit: Social Media enthalten, egal wie klein der Kreis der Leser ist, Veröffentlichungen. Fragen Sie sich bei jeder Information, die Sie veröffentlichen wollen, ob Social Media wirklich das richtige Medium dafür sind. Würden Sie diese Information auch offen in einer Kneipe erzählen? Oder wäre es besser, den oder die Empfänger anzurufen oder sie persönlich zu treffen?

Tipp: Wenn eine Botschaft, ein Foto, ein Video auch nur von einem Menschen falsch verstanden werden könnte – veröffentlichen Sie besser nicht, sondern entscheiden Sie sich lieber für den persönlichen Kontakt und greifen zum Telefonhörer.

Wenn Sie ein Netzwerk in relativ geschützter Atmosphäre erstmals ausprobieren wollen, ist XING dafür gut geeignet. Es wird von Verbraucherschützern regelmäßig als am nutzerfreundlichsten getestet. Mehr dazu im folgenden Kapitel.

Auf Social-Media-Plattformen herrscht das Prinzip des Gebens und Nehmens:

- *Die User sind gleichzeitig Rezipienten und Produzenten von Informationen.*
- *Tasten Sie sich langsam an die neuen Werkzeuge heran; machen Sie sich zunächst mit nur einem Dienst vertraut.*
- *Wägen Sie von Anfang an ab zwischen dem Schutz der Privatsphäre und der Veröffentlichung von Daten.*

2. Kontakte pflegen mit XING

Stellen Sie sich vor, eine Bekannte oder ein Geschäftspartner hat die Firma gewechselt. Oder ein Kollege bekommt eine neue Handynummer. Nun, da Sie die neuen Daten gerade brauchen, stellen Sie fest: In Ihrem Adressbuch sind noch die alten … ein automatisch aktualisiertes Adressbuch – das wäre doch mal was?! Genau das ist XING.

2.1 Die mediale Visitenkarte

Mehr als acht Millionen Menschen nutzen die Plattform inzwischen als ein solches automatisches Adressbuch – und gleichzeitig als eigene mediale Visitenkarte. Das funktioniert so: Sie stellen Ihre Geschäftskontakte, Tätigkeiten und Interessen ein. Andere Mitglieder machen das auch. Wenn jeder seine eigenen Daten (Wohnort, Position, Telefon etc.) aktuell hält, entsteht ein großes Adressbuch, das immer auf dem aktuellen Stand ist – und in dem Sie je nach Bedarf stöbern können.

Sie sehen: Auch hier funktioniert das Daten-Lagerhausprinzip, in dem jeder gleichzeitig Lieferant und Abholer ist (siehe Kapitel 1.2) und so alle profitieren.

Doch XING kann noch mehr: Man kann sich über Arbeit und Projekte austauschen, gewinnbringende Kontakte aufbauen, und auch Geschäfte lassen sich einleiten. XING lässt sich zudem für unterschiedliche Terminverwaltungen nutzen.

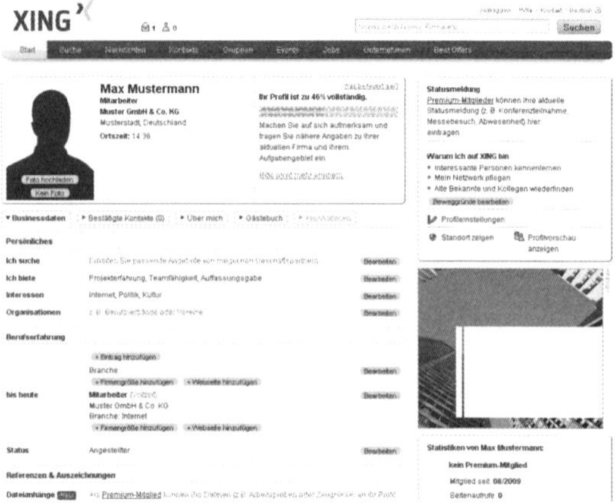

Nur gucken? Geht nicht

Um ein XING-Mitglied und seine Kontaktdaten zu finden, müssen Sie in der Regel selbst Mitglied sein. Das ist hier also anders als bei Twitter (s. Kapitel 3). Bei XING müssen Sie sich also gleich zu Beginn entscheiden, ob Sie selbst auch Informationen veröffentlichen.

Die einfache Mitgliedschaft bei XING ist kostenlos. Die Seite arbeitet dann mit Werbung. Darüber hinaus haben Sie aber auch die Möglichkeit, eine Premium-Mitgliedschaft zu erwerben: Für einen Beitrag von – je nach Modell – fünf bis sieben Euro im Monat entfällt die Werbung. Die Vorteile des Premiumzugangs gegenüber der kostenlosen Mitgliedschaft sind uneingeschränkte Funktionalitäten, z. B. ein unbegrenzter Nachrichtenversand und vollumfängliche Suchfunktionen.

Sie können jederzeit Ihr Profil bearbeiten oder Ihr Konto löschen.

Tipp: Die Funktion zum Abmelden finden Sie über die XING-Hilfe. Dort gibt es eine Rubrik mit dem Namen „Funktionen von XING", dort verbirgt sich die Abmeldung.

XING besticht vor allem durch seine Vorteile als Business-Plattform: ein sich selbst immer aktuell haltendes Adressbuch, Kontaktwerkzeug und eine Jobbörse.

2.2 Privatsphäre bei XING

XING teilt Ihnen mit, wenn sich bei einem Ihrer Kontakte die Daten ändern. So erfahren Sie zum Beispiel „im Vorbeigehen", dass jemand eine neue Stelle angenommen hat – und können gratulieren.

Umgekehrt heißt das, dass auch Ihre Änderungen und Neueingaben allen anderen, mit denen Sie in Kontakt sind, mitgeteilt werden. Gerade zu Beginn, wenn Sie noch ausprobieren, ist das natürlich sehr viel und kann auch Unerwünschtes hervorrufen. Das vermeiden Sie aber leicht: Unter dem Menüpunkt „Mein Profil – Einstellungen" können Sie diese Benachrichtigungen abschalten.

Auch andere „Fettnäpfchen" lassen sich durch ein paar Klicks vermeiden. Legen Sie zum Beispiel fest, wer Ihre Profildaten einsehen darf: nur XING-Mitglieder oder auch alle anderen Internet-Nutzer, die etwa durch ein Suchmaschinen-Ergebnis auf Sie aufmerksam werden. Wollen Sie überhaupt, dass Google Ihr XING-Profil finden kann, oder möchten Sie lieber erst mal nur bei XING bleiben?

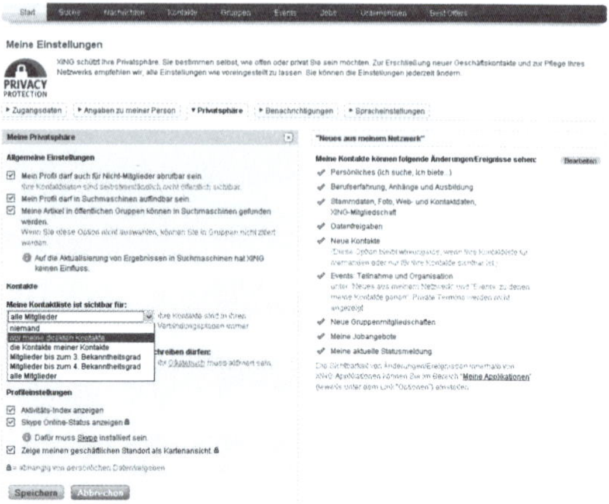

Wägen Sie dabei nach Ihrem Anwendungszweck ab: Möchten Sie eine möglichst große – tatsächlich weltweite – Reichweite und Sichtbarkeit? Oder wollen Sie fremden Personen Ihren Ausbildungsweg zunächst lieber nur nach einer bestätigten Kontaktaufnahme zeigen?

Tipp: Deaktivieren Sie bei Ihren Profil-Einstellungen zunächst viele Funktionen, dann netzwerken Sie am sichersten. Sie können sich so erst mal ein Gefühl für XING verschaffen und sich bei Bedarf weiter öffnen.

Ein letzter Hinweis, bevor Sie Kontakte suchen und deren Profile anklicken: XING-Mitglieder können erkennen, wer sich ihre Seiten angeguckt hat – anhand der Profilfotos. Premium-Mitglieder sehen auch den Namen des „Besuchers". Das ist nicht schlimm und sogar ganz nett als erste, ganz zaghafte Kontaktaufnahme. Wenn Sie aber überhaupt keinen Kontakt wollen, vielleicht zu Ex-Partnern oder früheren Arbeitgebern, sollten Sie deren Profile vielleicht nicht einsehen.

Wenn Sie die Einstellungen gleich zu Beginn auf sehr privat stellen, können Sie das Netzwerk im eigenen Tempo sicher ausprobieren.

2.3 Ein Netzwerk aufbauen

Ausgestattet mit einem ersten Mini-Profil – Ihrer virtuellen Visitenkarte im Lagerhaus von XING – können Sie jetzt mit ersten Kontakten Ihr eigenes Netzwerk aufbauen. Alternativ können Sie Ihr Profil zunächst noch erweitern. In Kapitel 2.4 erfahren Sie, wie das geht.

Gleichgesinnte finden bei XING

Dafür gibt es mehrere Möglichkeiten. Eine davon ist das Suchfeld oben rechts auf der Seite. Testen Sie es, indem Sie beispielsweise Folgendes eingeben:

- Namen von Kollegen, Bekannten etc.
- Ihre Ausbildungsstationen
- Ihre Wohnorte, auch frühere
- Ihre Hobbys

Über „Erweiterte Suche“ oder „Powersuche“ sind die Auswahlkriterien noch weiter verfeinert. Sie werden sehen – mit fast 100-prozentiger Wahrscheinlichkeit finden Sie Bekannte: „Wusste gar nicht, dass du auch bei XING bist ...“

XING macht Ihnen auch Vorschläge für neue Kontakte. Es wertet Ihre Profildaten aus und sucht Menschen, die zu Ihnen passen könnten.

Wenn Sie einen neuen Kontakt gefunden haben, finden Sie auf dessen Profilseite die Schaltfläche „Als Kontakt hinzufügen“. Nachdem Sie daraufgeklickt haben, können Sie den Grund für Ihre Kontaktaufnahme eintippen, z. B. Gemeinsamkeiten oder etwas, das Sie suchen. Anschließend können Sie hier sehr detailliert auswählen, welche Ihrer Profildaten diese Person sehen darf. Haben Sie Ihre Auswahl angehakt, können Sie diese Einstellungen mit der grünen Schaltfläche als Standard für alle weiteren Kontakte festlegen. Diesen Standard können Sie aber bei jeder neuen Kontaktanfrage auch wieder ändern. Wenn Sie jetzt auf „Zu meinen Kontakten hinzufügen“ klicken, haben Sie Ihre erste Verbindung schon beantragt. Stimmt die angefragte Person zu, sind Sie von nun an beide Teil des jeweils anderen Adressbuchs.

Sie können unter „Vorstellen“ auf der Profilseite des neuen Kontakts diese Person auch bestehenden eigenen Kontakten vorstellen, um sie so in Ihrem Netzwerk bekannt zu machen.

Auf Anfragen reagieren

So wie Sie Kontakte suchen, wird man umgekehrt vielleicht auch auf Sie aufmerksam. Bei Freunden fällt die Entscheidung, ob Sie die Verbindung eingehen wollen, leicht. Bei Kollegen vielleicht auch noch. Schwierig ist es manchmal bei Fremden. Fragen Sie sich:

- Will diese Person wirklich Austausch – oder nur mit meinem Kontakt das eigene Profil schmücken?
- Was bringt mir die gegenseitige Verknüpfung?
- Was denken meine übrigen Kontakte, wenn ich mich mit dieser Person verbinde (abhängig von Ihren Einstellungen können diese den neuen Kontakt ja sehen)?
- Würde ich mich mit diesem Menschen im realen Leben – etwa auf einer Party – unterhalten?

Tipp: Erwarten Sie nicht zu viel: Die wenigsten Fremdkontakte bei XING werden zum lukrativen Geschäft oder dem Traumjob führen. Das ist ähnlich wie bei Gesprächen auf Messen oder Empfängen. Letztendlich spricht auch nichts dagegen, Kontakte wieder zu entfernen, sollten Ihre Auswahlkriterien auf diese nicht mehr zutreffen. Die Quantität von Kontakten sagt noch nichts aus über deren Qualität. Ratschläge für erfolgreiches Netzwerken unter: www.blog.xing.com

Kontakte knüpfen ist mit XING unglaublich einfach und spannend. Sie können alte Verbindungen hier neu beleben – und natürlich neue schaffen. Ob Sie sich verbinden und wie sehr Sie sich dabei zeigen wollen, bestimmen allein Sie – wie im „richtigen" Leben.

2.4 Erfolgreich präsent auf XING

Der zweifellos interessanteste Punkt für die Verfeinerung Ihres Profils findet sich unter der Registerkarte „Businessdaten".

Suchen und Finden
Bei „Ich suche" geben Sie am besten möglichst konkret die Bereiche an, bei denen Sie sich über die Unterstützung durch andere XING-Mitglieder freuen würden. Beispiel: „Steuerberater", „Twitterexperten", „Journalisten". Wenn Sie ein Buch veröffentlichen wollen, können Sie auch „Verleger" hineinschreiben.

Egal wonach Sie suchen: Entscheidend ist die Art der Auflistung. Am sinnvollsten sind einzelne Stichworte, jeweils getrennt mit einem Komma. Der Grund: Die Datenbank von XING wandelt jeden dieser Begriffe in einen Link um. Klickt man darauf, bekommt man eine Liste aller Personen, die diesen Begriff ebenfalls irgendwo in ihrem Profil verwenden.

Themen anbieten
Diese Regel gilt auch für das Feld „Ich biete". Wenn Sie auch von anderen gut und schnell gefunden werden möchten, können Sie hier in Stichwörtern und mit Kommata getrennt alle Themen eintragen, die Sie im Netzwerk interessant machen: „Projektmanagement", „Gartenbau", „Teamgeist" oder „Word Serienbriefe". Wobei Sie sich nicht auf Geschäftliches beschränken müssen: Wenn Sie sich als Kenner der Hauptstadt ein-

schätzen, können Sie auch „Cafés in Berlin“ eintragen – oder als Abenteurer: „Fallschirmspringen“.

Ihr Lebenslauf

80 Prozent aller einstellenden Unternehmen haben 2009 angegeben, dass sie auch im Internet nach qualifizierten Personen suchen. Ihr Lebenslauf bei XING ist also auch eine Chance, bei potenziellen Arbeitgebern für eine höhere Position in Betracht gezogen zu werden. Er sollte deshalb dem einer „traditionellen“ Bewerbung entsprechen. XING bietet die Möglichkeit, den Verlauf Ihrer Karriere komfortabel chronologisch zu sortieren. Geben Sie einfach die jeweiligen Zeiträume ein, die Namen der Unternehmen sowie deren Größe und Internetadressen – XING bereitet diese dann tabellarisch auf.

Ihre aktuelle Beschäftigung wird dabei automatisch neben Ihrem Profilfoto und in allen XING-Suchergebnissen, in denen Sie vorkommen, ausgegeben. Überlegen Sie also, wie Sie als Erstes wahrgenommen werden wollen. Ihre völlig korrekte Jobbeschreibung kann dabei unter Umständen für andere Menschen erst einmal sperrig wirken. Wichtig ist, etwas für jeden gleich Verständliches einzutragen.

Erfolge hervorheben

Sie können besondere Erfolge hervorheben, etwa Projekte, die Sie organisiert haben, oder Publikationen, die Sie verantworten. Dafür bieten sich zwei Möglichkeiten an.

Die einfachere: Unterhalb des Lebenslaufs in Ihrem Profil finden Sie den Punkt „Referenzen & Auszeichnungen“. Hier können Sie Arbeitsproben – etwa Texte und Grafiken – oder Zeugnisse hochladen. Die andere Möglichkeit ist die Registerkarte „Über mich“. Hier haben Sie vollkommen freie Gestaltungsmöglichkeiten.

Auf Ihrem XING-Profil können Sie dauerhafte und professionelle Bewerbungsunterlagen einstellen. Grundsätzlich gelten hier dieselben Regeln wie bei einer traditionellen Bewerbung: Die Wirkung sollte freundlich, positiv, akkurat und stimmig sein.

2.5 Tipps und Tricks

Wenn Sie sich bei XING einloggen, präsentiert Ihnen das Portal auf Ihrer Startseite die neusten Nachrichten aus Ihrem Netzwerk. Unter „Startseite anpassen“ können Sie auswählen, welche Informationen Sie erhalten möchten. So gibt es beispielsweise auch die Option „Geburtstage meiner Kontakte“. Es kann einen sehr positiven Eindruck bei anderen hinterlassen, wenn Sie pünktlich gratulieren können. Praktisch sind auch die Rubriken „Neues aus meinem Netzwerk“, „Besucher meines Profils“ und „Mitglieder, die Sie kennen könnten“.

Im Folgenden stellen wir Ihnen noch einige Funktionen vor, die Sie in Ihrer Menüleiste finden:

Events
Über diesen Navigationspunkt können Sie Kollegen- oder Branchentreffen leicht organisieren. Legen Sie neue Termine an und verweisen Sie darauf. Die Empfänger des Terminhinweises können gleich reagieren und mitteilen, ob sie kommen möchten.

Kartenansicht
Sie haben auf einer Dienstreise noch etwas Zeit und wollen diese sinnvoll nutzen? Mit der Kartenansicht Ihrer Kontakte sehen Sie schnell, wer in Ihrem aktuellen Aufenthaltsort lebt bzw. „auf dem Weg liegt“. Sie finden die Kartenansicht unter dem Navigationspunkt „Kontakte“.

Jobbörse
Alles, was Sie brauchen, um selbst eine neue Herausforderung zu finden, finden Sie unter dem Navigationspunkt „Jobs“. Wenn Sie eine offene Stelle besetzen möchten, können Sie hier auch Jobangebote einstellen.

Unternehmensprofile
XING fasst Arbeitnehmer von Unternehmen automatisch zu sogenannten Unternehmensprofilen zusammen. Umgekehrt können Sie unter dem Menüpunkt „Unternehmen“ dann nach den Angestellten einer Firma suchen. Außerdem zeigt XING Ihnen am rechten Rand eine Statistik zur Mitarbeiterstruktur an – generiert aus den bei XING registrierten Einzelkontakten. Wenn Sie für ein Unternehmen sprechen, haben Sie die Möglichkeit, Nutzungsrechte für Ihr Unternehmens-

profil zu erwerben und anschließend das Profil zu editieren und mit Inhalten, wie z. B. einem Logo, zu befüllen.

Gruppen

Wenn Sie sich für bestimmte Themen interessieren, können Sie Mitglied einer themenorientierten Gruppe werden, etwa der Gruppe „PowerPoint“. Dort lesen Sie dann Artikel anderer zum Thema und tauschen sich aus. Natürlich können Sie jederzeit Ihre Gruppenmitgliedschaft wieder beenden.

Ein Effekt der Mitgliedschaft in Gruppen ist Ihre erhöhte Sichtbarkeit. Andere Gruppenmitglieder erfahren davon, dass Sie auch zur Gruppe hinzugestoßen sind. Sie werden feststellen, dass daraus Klicks auf Ihr Profil resultieren, wodurch sich wiederum ein erstes Kennenlernen mit Gleichgesinnten ergibt. Sie erhöhen diesen Effekt noch, wenn Sie einen Beitrag für eine Gruppe schreiben. Alle Gruppenmitglieder erfahren dann von diesem neuen Beitrag. Beachten Sie hier aber, dass Sie damit den geschlossenen Bereich von XING verlassen. Beiträge sind in der Regel offen für Google und andere Suchmaschinen.

E-Mail- und Profileinstellungen

Sie können XING ohne Weiteres nur als Recherche-Werkzeug nutzen. In diesem Fall ist es sinnvoll, wenn Sie über die Einstellungen ausschließen, dass Außenstehende Ihnen Nachrichten schicken dürfen. So werden Sie nur dann kontaktiert, wenn jemand wirklich Ihren Kontakt will.

Zusätzlich profitieren Sie aber, wenn Sie XING so einrichten, dass Sie schnell und automatisch mitbekommen, wenn sich dort etwas tut. Das Wichtigste dabei ist, dass die E-Mail-Adresse, die Sie bei Ihrer XING-Anmeldung als Kontakt hinterlegt haben, auch Ihre Standard-E-Mail ist, die Sie regelmäßig prüfen.

Tipp: Damit Sie nichts verpassen, stellen Sie in Ihren Profileinstellungen ein, dass Sie per E-Mail über Nachrichten und Änderungen bei XING informiert werden wollen. So können Sie bei Kontaktanfragen schnell entscheiden und vermeiden, dass man Sie womöglich als „Schlafmütze" wahrnimmt. Dies gilt auch für Nachrichten, die man Ihnen über XING schreibt. Wie bei geschäftlichen E-Mails wirkt es gut, wenn man zeitnah antwortet.

Ihre Statusmeldung

Rechts oben in Ihrem Profil können Sie als Premiummitglied Ihre aktuelle Tätigkeit, Gefühlslage oder einen kurzen Kommentar einfügen. Das Interessante dabei ist, dass diese Meldung Ihren Kontakten (oder auch noch mehr Mitgliedern, wenn Sie dies nicht in Ihren Profileinstellungen ausschließen) angezeigt wird. Ihr Vor- und Nachname wird dem Satz dabei vorangestellt. Beispiel: „Michael Münz freut sich auf neue Kontakte." Sie können auch einmal aktiv an alle Mitglieder senden: „Michael Münz sucht Praktikanten im Bereicht PR." Sie können die Statusmeldungen also nutzen, um sich immer mal wieder bei Ihren Kontakten in Erinnerung zu rufen: „Michael Münz hat gerade sein Buch fertiggestellt."

Aber Vorsicht: Weniger ist mehr. Wenn Sie ständig unaufgefordert in ein Netzwerk „hineinrufen“, laufen Sie Gefahr, irgendwann ignoriert zu werden.

Automatisierte Suche
Wenn Sie bereits einige Zeit bei XING sind, haben Sie sicher schon einmal händisch nach Gleichgesinnten, neuen Kollegen oder potenziellen Partnern gesucht. Sie können diesen Prozess auch automatisieren und sich benachrichtigen lassen, wenn jemand bei XING Mitglied wird, auf den Ihre Suchkriterien zutreffen. Dazu müssen Sie zunächst eine manuelle Suche durchführen. Anschließend können Sie auf „Suchauftrag anlegen“ klicken, um von nun an automatisch per E-Mail über interessante neue Mitglieder informiert zu werden, auf die Ihre Kriterien passen.

Nutzung für die „Offline-Welt“
Hilfreich ist es, vor Treffen mit Geschäftspartnern einen Blick auf deren XING-Profil zu werfen. So haben Sie manchmal gleich einen „Starter“ für das Gespräch – in jedem Fall sind Sie gut vorbereitet.
Wenn Sie Menschen persönlich treffen, tauschen Sie Visitenkarten aus. Nutzen Sie vorbereitend auch die elektronische Visitenkarte!

Zugriff unterwegs
Mit Ihrem Mobiltelefon können Sie XING auch unterwegs nutzen, etwa wenn Sie kurzfristig noch einen Termin vereinbart haben. Für iPhone, Blackberry und rund 350 andere mobile Endgeräte können Sie sich auf XING ein Programm herunterladen, mit dem Sie

schnellen Zugriff auf die wichtigsten Daten haben. Alternativ dazu können Sie im Browser eines internetfähigen Mobilgeräts die Adresse http://mobil.xing.com eingeben.

Zusätzliche Applikationen

XING bietet zusätzlich sogenannte „Applikationen“ (unter dem Menüpunkt „Start“) an, die Sie in Ihr Profil oder Ihre Startseite einbauen können. Diese Applikationen erweitern den Funktionsumfang der XING-Plattform und werden von XING oder ausgewählten Kooperationspartnern entwickelt. So gibt es zum Beispiel eine Twitter-Applikation, mit der Sie über die aktuellen Twitter-News auf dem Laufenden gehalten werden. Oder ZCOPE, eine Web-Anwendung für die Aufgabenverwaltung.

XING schafft auf vielfältige Weise Möglichkeiten, neue Kontakte zu generieren und so das eigene Netzwerk zu pflegen und zu erweitern. Wer sich aktiv einbringt, kann davon schnell profitieren. Aber auch die nur passive Nutzung – etwa zur Recherche – kann sehr hilfreich sein.

3. Twitter

Im Jahr 2009 wurde Twitter weltberühmt, vor allem durch die Präsidentschaftswahlen im Iran und die anschließenden Demonstrationen. Wegen der Zensur drangen auf klassischem Wege kaum Nachrichten nach außen. Über Twitter aber konnten die Iraner der Welt viel über ihr Land berichten. Das war aber nur ein kleiner Aspekt der Erfolgsgeschichte Twitter, die mit der Gründung im Jahr 2006 begann.

3.1 Was ist Twitter?

Stellen Sie sich vor, wir könnten in unserem Telefonnetz nicht nur unserem direkten Gesprächspartner zuhören, sondern – über ein großes Schalterfeld – allen Netzteilnehmern, die uns interessieren. Wir könnten uns beim Nachbarn einschalten oder bei einer großen Zeitung, beim Fernsehen oder beim Stadtrat. Mit Twitter können wir uns tatsächlich aussuchen, welchen aktuellen Gesprächen wir folgen wollen.

Dabei verbreitet Twitter keineswegs nur private Nachrichten und Meinungen. Fast alle großen Medienhäuser sind auf Twitter vertreten und können dort verfolgt werden, ebenso wie viele wichtige Experten, Wissenschaftler oder Berater.

Sie können Twitter auf insgesamt drei Arten nutzen:

- Sie können – auch ohne Anmeldung – frei nach Stichworten suchen und recherchieren.

- Sie können Medien, Experten und andere Quellen nach Ihren Wünschen abonnieren (mehr dazu in Kapitel 3.3).
- Sie können (wenn Sie wollen) selbst schnell und weltweit Informationen veröffentlichen.

Dabei macht sich das Netzwerk das Lagerhausprinzip aus Kapitel 1 zunutze: Viele Quellen liefern Informationen an. Darunter sind viele Zeitungen oder Fernsehsender, aber auch Insider wie Wissenschaftler und Experten, vielleicht aber später auch Sie als aktiver Nutzer.

Häufig wird geraten (auch von Twitter selbst), man solle bei Twitter einfach erst einmal etwas schreiben. Wir empfehlen Ihnen das ausdrücklich nicht(!). Niemand würde auf eine Party gehen und sofort irgendetwas zum Besten geben, ohne die übrigen Teilnehmer wenigstens kennengelernt zu haben. Zuhören ist wichtig – das gilt online bei Twitter mindestens so sehr wie im „wirklichen Leben“. So kann man zunächst lernen und später leichter selbst mitmachen.

Bei Twitter haben sich Fachbegriffe entwickelt:

- Eine Nachricht heißt „Tweet“.
- Nachrichten veröffentlichen heißt „tweeten“.
- Jemand, der bei Twitter schreibt, heißt „Twitterer“.
- Jemand, der die Meldungen anderer Twitterer verfolgt, heißt „Follower“.

Wichtig: Im Unterschied zu anderen Netzwerken stammen die Nachrichten bei Twitter nicht nur von ausgewählten Freunden/Kontakten/Followern, sondern – sollten Sie nicht eine Auswahl getroffen haben – in der Regel von *allen* Twitter-Nutzern!

Wie starten Sie?
Surfen Sie einfach mal zur Twitter-Webseite: http://twitter.com (Sie brauchen kein „www"). Dort geben Sie ein Thema ein, das Sie gerade interessiert. Beispiel: „Steuererklärung", „Schweinegrippe" oder „Bayern München". Sie sehen nun eine Liste mit aktuellen Informationen, Meinungen und womöglich auch Gerüchten zu Ihrem eingegebenen Thema. Anders als bei Google sind die Ergebnisse dabei nicht nach Bedeutung oder Relevanz sortiert, sondern allein nach der Zeit, wann sie geschrieben wurden, also chronologisch. Ganz oben finden Sie stets die neueste Nachricht, oft vor weniger als einer Minute geschrieben.

Hier sehen Sie jetzt das Kriterium, das den Erfolg von Twitter entscheidend geprägt hat: Erstmals hat Twitter das „Denken" der übrigen Internetteilnehmer schnell durchsuchbar gemacht. Sie können per Tastendruck miterleben, womit sich Menschen weltweit in diesem Moment beschäftigen. Die Anwendungsmöglichkeiten sind vielfältig: Wann immer Sie eine Nachricht gehört haben, können Sie auf Twitter leicht – und ohne Mitglied zu werden – nachschauen, was der Rest der Welt davon hält. Auf der nächsten Seite finden Sie ein Beispiel zum Thema „Schweinegrippe".

Real-time results for **schweinegrippe** Save this search

schweinegrippe #**schweinegrippe** Impfung gegen **Schweinegrippe**: Die Textbausteine der Medien: Jetzt haben wir die **Schweinegrippe**-Pandemi... http://kl.am/5FAZ
about 2 hours ago from twitterfeed

beuptodate Wikio.de | [Sonstige] Der Umgang mit der **Schweinegrippe** als einer der ... (Nachtwächter-Blah): Der Umga.. http://bit.ly/6FZWI0
about 2 hours ago from twitterfeed

aerzte Hoffenheims Demba und Marvin Compper: **Schweinegrippe** trotz eigener Impf-Kampagne: In Hoffenheim geht die Angst vor Schw... http://sapmn.tk
about 2 hours ago from twitterfeed

Freie_Sicht Kommt jetzt die Ziegengrippe? „Ich hätte lieber die **Schweinegrippe** als die Ziegengrippe bekommen" http://bit.ly /4mJfpF
about 2 hours ago from API

bcmnews **Schweinegrippe**: Impfung für Schwangere startet: Schwangere können sich von Donnerstag an mit einem speziellen I.. http://bit.ly/6iCQ7R
about 2 hours ago from twitterfeed

transhuman82 **Schweinegrippe**: RKI befürchtet neue Welle | NetDoktor.de: http://bit.ly/5qGztS via @addthis
about 2 hours ago from web

WELT_Reise Reiserücktrittsversicherung: Viele Versicherer zahlen nicht bei **Schweinegrippe** http://bit.ly/8ACshO
about 2 hours ago from twitterfeed

iPotz RT @nachbelichtet: Täusch ich mich, oder hat Kunduz die **Schweinegrippe** abgelöst? Von der hört man ja gar nichts

Twitter bringt aktuelle Nachrichten, private Meinungen und Expertentipps an einem einzigen „Ort" zusammen. Sie können dadurch schnell sehen, was im Netz gerade jetzt diskutiert wird.

3.2 Twittern statt Googeln

Nutzen ohne Registrierung

Um die Eigenarten und die Funktionsweise von Twitter zu erlernen, müssen Sie nicht Mitglied werden.

Wir empfehlen Ihnen eher, zu Beginn auf eine Registrierung zu verzichten: Suchen Sie einfach mal nach Themen, die Sie interessieren. Sie können dies übrigens nicht nur auf twitter.com tun. Auch die Seite twazzup.com liefert Ihnen Ergebnisse von Twitter. Sie sind etwas anders aufbereitet und haben den Vorteil, dass Sie hier, ohne Mitglied zu werden, die deutschsprachigen Ergebnisse herausfiltern können. Bei Twitter geht das erst nach einer Registrierung.

Themensuche

Schauen wir uns also die Twitter-Nachrichten etwas genauer an. Sie sind alle bis zu 140 Zeichen lang und enthalten:

- Absender (ganz vorn),
- Text (bis zu 140 Zeichen),
- Zeitstempel (in Bezug auf Ihre Suche).

Manche Nachrichten haben außerdem:

- einen Link zu einer anderen Seite im Internet (bei Twazzup sehen Sie diesen Link nicht, dort wird einfach die ganze Nachricht blau und klickbar),
- einen Hinweis auf ein anderes Twitter-Mitglied mit dem @-Zeichen,
- die Buchstaben „RT“ (Wiederholung einer Nachricht),
- ein Nummernzeichen oder sogenanntes „Hashtag“, also „#“, gefolgt von einem Stichwort, z. B.: #twitterbuch.

Links in Nachrichten

Wenn Sie in den Twitter-Nachrichten auf die Links klicken, dann merken Sie: Twitter ist ein großartiger Tipp-Geber. Die Links führen zu Websites mit größeren Artikeln. Experten zu vielen Themen, vom Gartenbau über IT bis zur Psychologie, zeigen Ihnen hier, wo es mehr und Ausführlicheres zu lesen gibt. Und das ist eine der Hauptstärken von Twitter: Bei Twitter finden Sie Nachrichten von Experten zu jedem erdenklichen Thema.

Quellencheck

Wer aber ist ein Experte? Oder eine seriöse Quelle? Das finden Sie heraus, wenn Sie auf den Absender klicken. Dann nämlich sehen Sie die jeweils letzten Nachrichten dieses Absenders und können so seine Stärken und Schwächen einschätzen: Wer nur über ein Thema schreibt, kennt sich vermutlich darin besser aus als jemand, der über dieses und jenes schreibt. Sie können auch in der „Bio" des Absenders schauen, ob es eine Internetadresse gibt, wie diese aussieht und ob diese Seite wieder zurück auf den Twitter-Account führt. Mit diesen kleinen Maßnahmen finden Sie heraus, wer für Sie ein hilfreicher und authentischer Experte ist. Sie werden sehen, mit gesundem Menschenverstand lässt sich das recht gut bestimmen.

Vielleicht finden Sie dabei jemanden sogar so interessant, dass Sie gern dauerhaft von ihm oder ihr Twitter-Nachrichten lesen möchten? Genau das geht bei Twitter auch. Im nächsten Abschnitt zeigen wir Ihnen, wie.

Twitter ist nach aktuellen Diskussionen zu fast allen Themen durchsuchbar. Die Seriosität der Quellen lässt sich durch einen Blick auf Profil und Veröffentlichungs-historie einschätzen.

3.3 Twitter-Abo: Medien und Experten folgen

Statt Twitter nur zu bestimmten Anlässen aufzusuchen, um den „Gesprächen“ im Internet punktuell zuzuhören, können Sie Absender, die sogenannten „Twitterer“, die Ihnen gefallen, auch regelmäßig lesen. Sie erhalten dann Branchentipps, Nachrichten oder kurze Ideen regelmäßig in eine Art Eingangsbox.

Mitglied werden im „Info-Club“ Twitter

Mitglied zu werden verpflichtet Sie zunächst zu nichts und Sie können Ihr Konto später auch wieder löschen.

Beachten Sie aber: Das geht nur, solange Sie nichts veröffentlicht haben. Veröffentlichungen können Sie unter Umständen nicht mehr so leicht löschen.

Leider ist der Anmeldeprozess bei Twitter für Anfänger immer noch recht verwirrend gestaltet. Wenn Sie allerdings Twitters Empfehlungen konsequent ignorieren, kommen Sie schnell und leicht zum Ziel.

Gehen wir zur Startseite von twitter.com. In einer Minute sind Sie angemeldet:

- Wählen Sie „Sign up now“ bzw. „Jetzt anmelden“ und geben Sie Twitter Ihren Usernamen. Die Seite will zwar Ihren richtigen Namen, hier können Sie aber auch einen Fantasie- oder Funktionsnamen einsetzen, was gerade zu Beginn empfehlenswert ist (siehe Kapitel 1.3: Username).
- Überspringen Sie die Aufforderung, ein E-Mail-Konto nach Bekannten zu durchsuchen („Skip“ unten auf der Seite).
- Löschen Sie auch auf der Folgeseite alle Kreuze bei den vorgeschlagenen Konten (es sei denn, eines interessiert Sie wirklich). Oder klicken Sie „Skip this page“.
- Ignorieren Sie schließlich ebenso vorerst Twitters Ratschlag, etwas in die Box zu schreiben. Drücken Sie nicht „Update“.

Sie sind nun Mitglied bei Twitter und sehen Ihren persönlichen Eingangskorb für Nachrichten. Den nennt man „Timeline“, weil er anzeigt, was jetzt, zu diesem Zeitpunkt, neu bei Twitter veröffentlicht wurde.

Und so gehen Sie weiter vor: Gehen Sie zur Leiste ganz oben rechts und klicken Sie auf „Search people“. Mit dieser Suche finden Sie nicht nur Menschen, sondern auch Themen, die Sie privat oder im Job interessieren. Jetzt suchen Sie z. B. nach Ihrem Heimatort. Drücken Sie nun „Follow“ für Sender, die auch künftig interessant sein könnten. Klicken Sie anschließend „Home“ (ganz oben rechts). Was Sie nun sehen, ist Ihre erste Timeline mit Gesprächsfetzen, die gerade auf Twitter laufen.

Natürlich haben Sie auch einen „Gesendet-Ordner", also eine Anzeige der Nachrichten, die Sie (irgendwann) geschrieben haben. Leider heißt diese Box nicht „Sent", sondern sie versteckt sich hinter Ihrem Usernamen oder Ihrem Bild und ist natürlich im Moment noch leer. Merken Sie sich einfach:

- Eingangskorb (Timeline): „Home"
- „Sent"-Box: „IHR USERNAME"/„IHR BILD"

Sie wollen noch mehr Experten zuhören? Kein Problem: Machen Sie es wie zuvor beschrieben und „followen" Sie weiteren Sendern.

Weitere Experten oder Medien finden

Sie können Ihrem Spieltrieb freien Lauf lassen. Klicken Sie immer wieder einmal in Nachrichten und entdecken Sie so neue Sender, neue Themen, die Ihnen spannend erscheinen. Wenn Sie in einer Nachricht auf den Absender klicken, sehen Sie mehr Informationen und können ihn per Klick auf „Follow" abonnieren. Wenn Sie in einer Nachricht auf ein Wort mit dem #-Zeichen klicken, starten Sie automatisch eine neue Suche nach genau diesem Thema und erhalten die Ergebnisse aus Twitter.

„Abo kündigen": Unfollowen

Vielleicht stellen Sie fest, dass ein Sender, dem Sie nun folgen, doch gar nicht so interessant ist. Dann können Sie ihn leicht wieder loswerden. Das heißt bei Twitter „Unfollow". Dazu drücken Sie einfach auf den Knopf mit dem Zahnrad ganz rechts. Dort finden Sie den Menüpunkt „Unfollow". Drücken Sie darauf und schon hören Sie von ihm nichts mehr!

Darüber hinaus können Sie folgende Menüfunktionen nutzen und immer wieder testen:

- Mit „Search people“ oben im Menü suchen Sie nach Sendern zum „Folgen“.
- Mit der Search Box rechts am Rand suchen Sie im Inhalt der Nachrichten.
- Unter „Following“ sehen Sie die von Ihnen abonnierten Sender.
- Unter „Followers“ sehen Sie, wer Ihre Nachrichten abonniert hat.

So komponieren Sie allmählich Ihren ganz persönlichen Nachrichtenmix. Apropos Nachrichten: Suchen Sie doch einmal @spiegel_eil oder @cnn-brk oder eine unserer Empfehlungen am Ende des Buches. Vielleicht wollen Sie diesen Sendern auch folgen.

Unliebsame Abonnenten

Es kann vorkommen, dass Ihnen Leute folgen, mit denen Sie nicht in Verbindung gebracht werden wollen – etwa weil diese auf unseriöse Angebote verweisen. Wenn Sie in der Liste der Twitter-Nutzer, die Ihre Meldungen verfolgen, Einträge finden, die Sie dort lieber nicht haben wollen, können Sie diese Follower blocken. Den entsprechenden Schalter finden Sie in der rechten Spalte Ihrer Follower-Liste, indem Sie auf das Zahnrad klicken. Nutzer, die Sie blocken, tauchen in Ihrer Follower-Liste nicht mehr auf. Das bedeutet nicht, dass diese Personen nicht auf anderem Wege Ihre Meldungen auf Twitter lesen können. Zumindest aber werden sie nicht mehr mit Ihnen in Verbindung gebracht.

Twitter auf dem Handy

Die Datenmengen, die Twitter versendet, sind sehr gering. In den meisten Fällen können Sie Twitter sogar ohne Datenflatrate bezahlbar auch mobil nutzen, und das auch ohne UMTS. Wenn Ihr Handy einen Internetbrowser hat, geben Sie dort einfach ein: http://m.twitter.com. Mittels Usernamen und Passwort können Sie nun alles auch mobil verfolgen. Noch komfortabler geht das mit Websites oder Applikationen, die wir am Ende des Buches aufgeführt haben.

Alternativ können Sie auch die von Twitter in den „Settings“ vorgesehene Mobilfunktion nutzen. Diese schickt Ihnen die Nachrichten Ihrer abonnierten Sender kostenlos aufs Handy. Allerdings: Es würde dann andauernd „piepen“. Wir raten Ihnen von dieser Methode daher eher ab.

Mit Twitter stellen Sie sich Ihren persönlichen, individuellen Nachrichtenmix zusammen – und sind so regelmäßig, am Computer oder per Handy, schneller informiert als andere!

3.4 Selbst „twittern“: eigene „Tweets“

Sie können bei Twitter natürlich auch Ihr Wissen, Ihre Meinung oder Nachrichten aus Ihrem Unternehmen veröffentlichen, also eben selbst „twittern“. Ihnen steht eine weltweite (von Twitter und Google) durchsuchbare Plattform für Ihre Nachrichten zur Verfügung.

Wenn Sie regelmäßig etwas Interessantes schreiben, wird man Sie vielleicht auch abonnieren wollen: So erhalten Sie Ihre ersten „Follower". Bei entsprechendem Interesse können Sie binnen zwei, drei Monaten mehrere Hundert Follower für sich gewinnen. Es gibt deutsche Twitterer, die mehrere Zehntausend Follower haben. Das ist immerhin das Publikum eines Radiosenders.

Auch Unternehmen und Medien nutzen diesen Effekt für ihre Öffentlichkeitsarbeit. So hat die Firma Dell nach eigenen Angaben Millionenumsätze durch den Verkauf von Laptops über Twitter gemacht. Andere Firmen haben Twitter für den Kundendienst genutzt und sich so als Servicedienstleister einen Namen gemacht. Wieder andere nutzen ihren Twitter-Account, um auf Pressemitteilungen aufmerksam zu machen.

Beachten Sie aber auch: Was bei Twitter öffentlich gemacht wird, wird auch von Google gescannt. Das bedeutet: Was Sie schreiben, lässt sich später über Google häufig noch finden, selbst wenn Sie es auf Twitter vielleicht schon längst gelöscht haben. Beachten Sie deshalb die Hinweise in Kapitel 1.3 zur „Privatsphäre".

Einige Juristen vertreten die Ansicht, dass bei Twitter eine Impressumspflicht gilt. Falls Sie als Unternehmen twittern, sollten Sie sich rechtlich beraten lassen. In jedem Fall macht es Sinn, eine Erreichbarkeit sicherzustellen. So sind Sie für Eingaben von Menschen, die sich durch Ihre Äußerungen in ihren Rechten verletzt fühlen könnten, erreichbar – was zumindest Ihren guten Willen dokumentiert. Außerdem ermöglicht das die Klärung von Meinungsverschiedenheiten durch direkte Kommunikation.

Tipp: Prüfen Sie, was für Sie, Ihr persönliches und berufliches Umfeld, sinnvoll ist. In jedem Fall sollten Sie Twitter zuerst passiv kennenlernen, bevor Sie sich in das „Getümmel" wagen.

Die erste Nachricht

Wenn Sie sich entschieden haben, sich weltöffentlich äußern zu wollen, sollten Sie Folgendes tun:

- Entscheiden Sie, ob Ihr Username zu Ihrem Thema passt. Falls nicht, ändern Sie ihn. Das geht bei Twitter ganz einfach in den Settings.
- Richten Sie auch Ihr übriges Profil über die „Settings" passend zu Ihrem Thema ein.
- Schreiben Sie eine Kurzbiografie mit Verweis auf Ihre Website oder Ihr XING-Profil, falls vorhanden.

Ihre erste Nachricht, also Ihr erster „Tweet", könnte nun ein höfliches Vorstellen sein. Zum Beispiel:

> „Guten Tag, ich bin gespannt auf Twitter und freue mich auf den Austausch über diese Plattform!"

Nun können Sie langsam beginnen, über sich und Ihr Thema zu schreiben, z. B. einen Link-Tipp geben.

Öffentliche Konversation

Es ist möglich, Tweets direkt an Personen zu richten und damit entweder jemanden anzusprechen oder auf einen Tweet zu antworten – dafür gibt es die sogenannten @replies. Diese sehen Sie, wenn Sie dem Absender folgen, automatisch in Ihrem Eingangskorb, in Ihrer Timeline, in jedem Fall in Ihrer Antwortbox (@USERNAME im Menü rechts). Dort werden nur die Nachrichten gezeigt, die Ihren Usernamen enthalten.

Beachten Sie: Auch solche, direkt an einen Nutzer gerichteten Nachrichten sind öffentlich und können von Twitter und Suchmaschinen gefunden werden. Auch Twitter-Nutzer, die beiden „Gesprächsbeteiligten" folgen, sehen die Nachricht in Ihrer Timeline.

Beispiel: Michael schreibt unter dem Account @30social an Tim, der den Account @talk_social angelegt hat:

> 30social:
> „@talk_social Das Kapitel über XING ist jetzt auch fertig."

Diese Nachricht landet nun in Tims Eingangsbox, wenn er Michael folgt, und in jedem Fall in seinem Ordner mit Nachrichten, wo er erwähnt wird. Außerdem findet aber auch jeder diese Nachricht, der zum Beispiel gerade nach „XING" sucht. Es kann nun eine öffentliche Diskussion entstehen:

> anderer Teilnehmer:
> „@30social @talk_social: Interessieren Euch noch weitere XING-Artikel? Ich habe eine Liste."

Re-Tweets (RT): Publikum durch Wiederholung

Eine Besonderheit solcher öffentlichen Antworten sind die sogenannten Re-Tweets. Den entsprechenden Button dafür finden Sie ebenfalls am rechten Ende der Nachrichten, beim Pfeil für Antworten. Wenn Sie diesen anklicken, wird die Nachricht erneut an Twitter übermittelt, allerdings nun mit Ihnen als Absender und mit einem Hinweis, dass es sich um einen „Re-Tweet" handelt. Wozu das Ganze? Zum einen stellen Sie Ihren Followern einen Tipp zur Verfügung, der ihnen nutzen kann. Zum anderen zeigen Sie dem Absender, dass Ihnen seine Nachricht gefallen hat. Der Original-Absender fühlt sich wertgeschätzt und erreicht zudem zusätzliche Leser.

Aufgrund der Historie von Twitter gibt es leider zwei Arten von Re-Tweets. Die „offiziellen" funktionieren wie beschrieben per Knopfdruck. Entstanden sind die Re-Tweets allerdings durch eine Idee der Anwender selbst. Sie schrieben einfach ein „RT" und den Usernamen des Absenders vor ihre Nachrichten. Das ist auch heute noch üblich und ebenso möglich. Diese Nachrichten landen dann allerdings nicht in der „offiziellen" Re-Tweet-Liste, die man im Twitter-Menü findet.

Tipp: Die sogenannten Re-Tweets sind auch ein Merkmal der Etikette bei Twitter. Sie zeigen Ihre Wertschätzung für die Anregungen der Ursprungssender und tragen zu einer größeren Verbreitung der Nachricht bei.

Direktnachrichten: unter vier Augen

Wenn Sie einmal jemandem persönlich eine Frage stellen wollen, ohne dass andere mitlesen können, so geht das über die Direktnachrichten bzw. Direct Messages, abgekürzt DM oder D. Eine Direktnachricht können Sie nur jemandem schreiben, der Ihr Follower ist. Alle anderen können Sie nur öffentlich anschreiben – über die Verwendung von @ und dessen Usernamen.

Um eine Direktnachricht zu schreiben, haben Sie zwei Möglichkeiten:

- Sie geben in die normale Box ein „d" ein, dann ein Leerzeichen, dann den Sendernamen Ihres Ansprechpartners, und zwar hier ohne das „@"-Zeichen.
- Sie gehen im Menü rechts am Rand auf „Direct Messages". Nun können Sie über eine Auswahlfläche oben einen Ansprechpartner angeben.

Ob Sie selbst Direktnachrichten empfangen haben, finden Sie wiederum heraus, indem Sie auf den Menüpunkt „Direct Messages" klicken. Das ist Ihr Direktnachrichten-Eingangskorb.

Löschen

Alle Arten Ihrer Nachrichten können Sie im Prinzip auch löschen. Doch wie Sie wissen, ist Twitter ein riesengroßes Nachrichtenlager, in dem viele Gabelstapler herumflitzen, um die vielen Anfragen nach Nachrichtenanzeigen zu organisieren. Außerdem gibt es noch die Suche. Sie hat einen Index, damit es sehr schnell geht. Wenn Sie nun eine Nachricht aus Ihrem Lieferantenregal nehmen, also löschen, dann sind immer noch viele Gabelstapler mit der Auslieferung von Kopien Ihrer Nachricht unterwegs. Bis das gestoppt und der Suchindex angepasst ist, dauert es eine Weile. Aus Ihrer „Sent"-Box (@USERNAME) verschwindet die Nachricht zwar beim Löschen. Bei Suchanfragen über Twitter, Twazzup oder andere ist sie aber weiterhin einige Tage bis Wochen zu sehen. Wenn Sie zudem re-tweeted worden sind, können Sie diesen Re-Tweet natürlich nicht löschen, er ist ja eine Kopie, auf die Sie keinen Einfluss mehr haben.

Wie leitet man das Löschen ein? Dazu gehen Sie auf eine Nachricht in Ihrer „Sent"-Box (klicken Sie dazu auf Ihren Namen oder Ihr Bild) und in der Nachricht nach rechts. Nun erscheint ein Mülleimer – Ihr Löschknopf.

Über die Twitter-Hilfe können Sie übrigens auch ein dringenderes Löschen beantragen. Ob das allerdings klappt, ist nicht garantiert. Es ist also immer gut, vor dem Absenden der Nachricht noch einmal zu checken:

- Trifft die Nachricht, was ich sagen will?
- Könnte sie jemanden verletzen?
- Verrät sie etwas über jemanden, der gar nicht öffentlich in Erscheinung treten will?
- Kann sie mir einmal selbst schaden?

Außerdem empfiehlt es sich, die Empfehlungen aus Kapitel 1.3 noch einmal zu checken.

Veröffentlichungen auf Twitter können sich schnell unter einer beachtlichen Anzahl von Lesern verbreiten – auch unter solchen, die dem Sender gar nicht folgen. Gehen Sie beim Senden zielgerichtet vor und wägen Sie gut ab, was Sie wem vermitteln wollen.

3.5 Tipps, Tricks und Besonderheiten

Hier gehen wir auf einige besondere Funktionen von Twitter ein.

Nachrichten merken

Wenn Sie eine Nachricht besonders interessant finden, können Sie sie sich mit Twitter merken. Dazu gehen Sie an den Rand der Nachricht; Sie sehen nun unter dem gekrümmten Pfeil (für Antworten) einen Stern. Dieser Stern ist der Knopf für „Favorisieren". Wenn Sie ihn anklicken, ist die Nachricht gemerkt und Sie können sie künftig unter „Favoriten" am rechten Rand abrufen.

Einen Link verschicken

Das Verschicken von Links ist eine der wichtigsten Funktionen bei Twitter und in anderen Netzwerken. Wie aber bekommt man lange Links so kurz, dass sie nicht die ganzen 140 Zeichen verbrauchen? Das geht mit einem Werkzeug, das passenderweise „Linkverkürzer" oder „URL-Shortener" heißt. Ein Standard-Verkürzer ist

http://bit.ly.

Wenn Sie von einer für Sie interessanten Website hierhersurfen, gibt bit.ly automatisch einen verkürzten Link für die zuletzt besuchte Website aus. Den können Sie dann kopieren und bei Twitter einsetzen.

Bilder veröffentlichen

Eine beliebte Erweiterung von Twitter ist die Möglichkeit, Bilder zu verschicken. Sie können sich zum Beispiel beim Bilderdienst

http://twitpic.com

anmelden. Wenn Sie dabei Ihren Twitter-Usernamen und Ihr Twitter-Passwort verwenden, können Sie von dieser Seite aus direkt einen Kommentar zusammen mit dem Bild veröffentlichen.

Andere Twitter-Möglichkeiten

Nicht nur von twitpic aus können Sie Twitter-Nachrichten veröffentlichen. Sie können auch den Linkverkürzer bit.ly (s. o.) als Twitterbasis verwenden und Ihre Nachricht von dort aus senden. Eine andere Möglichkeit bietet

http://www.dabr.co.uk.

Hier sehen Sie Twitter in einer kompakteren Form, die insbesondere fürs Handy sehr praktisch ist. Wie bei twitpic, bit.ly oder auch twazzup.com gilt: Die Nachrichten kommen weiter aus dem Lager von Twitter und dort schreiben Sie sie auch hinein.

Privater Modus
In der Regel ist Twitter öffentlich. Für bestimmte Einsatzzwecke gibt es aber einen privaten Modus. Der kann beispielsweise für interne Projektarbeit sinnvoll sein. Hier sind Ihre Nachrichten nicht per Suchmaschine auffindbar und sie werden auch nur Ihren Followern gezeigt, die Sie zudem bestätigen müssen. So generieren Sie ein internes Netz.

Besonderheiten bei Antworten
Sie sehen vielleicht, wenn Sie etwas länger bei Twitter sind, gelegentlich Nachrichten, die mit einem Punkt („.“) beginnen. Warum das? Das liegt an Twitters Umgang mit den @replies (siehe Abschnitt „Öffentliche Konversation“, S. 49): Um die Timelines nicht zu überfrachten, schickt Twitter Nachrichten, die mit einem @-Zeichen beginnen, nur an die Timeline des jeweiligen Empfängers, nicht an die übrigen Follower. Letztere können die Nachricht zwar per Suche finden oder wenn sie sich alle Nachrichten des Senders anschauen, erhalten sie aber eben nicht automatisch im Abo.

Wenn Sie jemandem antworten möchten und auch Ihre Follower diese Nachricht lesen sollen, beginnen Sie Ihre Nachricht nicht mit einem @, sondern irgendwie anders. Einfachste Lösung: ein Punkt („.“).

Listen
Eine weitere Funktion von Twitter: die sogenannten „Listen“. Mit ihnen lassen sich Sender, denen Sie folgen, gruppieren. Das lohnt sich etwa dann, wenn die Timeline irgendwann anfängt, unübersichtlich zu werden.

Publikum im Auge behalten

Wenn Sie einen professionellen Twitter-Account für Ihr Unternehmen oder als Freiberufler betreiben, kann es sinnvoll sein zu überprüfen, wie sich Ihre Followerzahlen verändern. Sie können in den Einstellungen bei Twitter festlegen, dass Sie benachrichtigt werden, wenn Sie einen neuen Follower bekommen. Wenn Sie jemand verlässt, merken Sie das jedoch in der Regel nicht. Wie für fast alles bei Twitter gibt es aber auch dafür eine externe Lösung: Unter http://useqwitter.com finden Sie einen Service, er Ihnen „Unfollows“ mitteilt. So können Sie auch gegensteuern, wenn Sie nach einem vielleicht falsch verstandenen Tweet besonders viele Menschen verlassen sollten.

Noch mehr Tipps

Es gibt viele weitere Tipps und Tricks zu Twitter, am besten abonnieren Sie den Sender @twitter_tips, dann können Sie noch professioneller im Umgang mit Ihrem neuen Werkzeug werden.

Twitter enthält weit mehr als private Meinungen und Gedanken. Es ist der weltgrößte und schnellste Sammelplatz von aktuellen Mikronachrichten. Das können Sie als Leser, und/oder Schreibender zu Ihrem Vorteil nutzen. Beachten Sie aber: Was bei Twitter geschrieben wird, bleibt auch in Internet bestehen.

4. Facebook & Co.

Studenten der Harvard University haben Facebook im Jahr 2004 entwickelt - ursprünglich zum Austausch mit anderen Studenten derselben Universität. Der Name bezieht sich auf die sogenannten Facebooks, die die Studenten zur Orientierung auf dem Campus erhalten. In diesen sind die Gesichter anderer Kommilitonen abgebildet. Eine deutsche Fassung des Netzwerks gibt es seit Frühjahr 2008. Mehr als 350 Millionen Mitglieder nutzen das Netzwerk nach Angaben seiner Gründer. Es ist damit das beliebteste Netzwerk in den meisten westlichen Ländern. Es ist allerdings auch umstritten. Ein Grund sind die bei Facebook fließenden Grenzen zwischen Privatheit und Öffentlichkeit bzw. zwischen Beruf und Privatleben (mehr dazu in diesem Kapitel) Ein weiterer Grund sind immer neue Änderungen, bei denen die Betreiber in der Vergangenheit auch Einstellungen verändert haben, ohne die Benutzer zuvor zu fragen. Nichtsdestotrotz: Facebook ist ein bedeutendes Medium und es ist sicher sinnvoll, seine Funktionen zu kennen.

4.1 Starten mit einer Profilseite

Wie andere Netzwerke auch, bietet Facebook zunächst einmal die Möglichkeit, nach dem Registrieren eine Profilseite auf www.facebook.com zu erstellen und Kontakte zu anderen Menschen zu knüpfen. Wie bei Twitter macht es auch bei Facebook Sinn, darüber nachzudenken, ob Sie einen persönlichen Account einrichten wollen oder einen mit einem Funktions- oder

Firmennamen. Facebook verlangt zwar theoretisch einen Personenaccount, in der Praxis sind andere Accounts jedoch auch möglich.

Tipp: Facebook fragt bei der Registrierung auch danach, Ihr E-Mail Adressbuch zu durchsuchen. Sie müssen diese Erlaubnis nicht geben. Wenn Sie dies tun, geben Sie damit dem Unternehmen viele Daten von sich selbst und – noch wichtiger – Ihren Kontakten. Das muss nicht sein, um bei Facebook zu beginnen. Sie können es, wenn Sie wollen, später immer noch nachholen.

Das Facebook-Profil besteht in den Grundeinstellungen aus den Karteikarten „Pinnwand“ und „Info“. Auf der Karteikarte „Pinnwand“ können Sie und die Besucher Ihres Profils Beiträge hinterlassen und Beiträge von anderen kommentieren/diskutieren. Dazu später mehr. Auf „Info“ können Sie Angaben zu den Rubriken „Allgemeines“, „Persönliches“, „Kontakt“ und „Ausbildung und Beruf“ machen. Diese Abschnitte können einzeln angeklickt und dann ausgefüllt werden. Welche Felder Sie dabei ausfüllen und welche nicht, bleibt Ihnen überlassen. Überlegen Sie sich aber gut, was Sie – wenn Sie Ihr Profil (auch) beruflich nutzen wollen – ausfüllen und was nicht. In Kapitel 4.2 gehen wir noch genauer darauf ein, was Sie beachten sollten, wenn Sie die Seite beruflich nutzen wollen.

Tipp: Um die Spracheinstellungen von Facebook von Englisch auf Deutsch zu ändern, klicken Sie links unten im Fenster auf „English“ und wählen im dann erscheinenden Menü „Deutsch“.

Gestaltung des Profils

Die Möglichkeiten, das Facebook-Profil zu gestalten, reichen nicht nur inhaltlich weiter als etwa bei XING, sondern auch technisch. Zum Beispiel: „Fotos". Sie können auf Facebook nicht nur ein Profilfoto hinterlegen, sondern ganze Sammlungen, etwa von Urlaubsreisen und Veranstaltungen. Wenn Sie eine Webcam haben, könnten Sie auch gleich ein Video von sich aufnehmen und dieses veröffentlichen. Ob Sie so viel Offenheit aber tatsächlich wollen, sollten Sie sorgfältig abwägen.

Zudem können Sie Statusmeldungen und Links einstellen. Alle Ihre Facebook-Aktivitäten werden in Ihrem Profil rückwärts chronologisch aufgeführt und automatisch mit den Hinweisen „Kommentieren" und „Gefällt mir" versehen. Andere Nutzer werden jedes Mal aufgefordert, Ihr Foto, Ihren Status oder Ihren Linktipp zu bewerten. Genau dies können Sie selbst bei anderen auch tun. Somit liefert jeder Nutzer unzählige Anlässe, mit den anderen ins „Gespräch" zu kommen.

Genau das ist aber auch eine der Gefahren von Facebook: Mit den Standard-Einstellungen wird fast alles, was Sie bei Facebook unternehmen, für andere nachvollziehbar, wenn Sie dies nicht einschränken.

Tipp: Wegen der hohen Komplexität der Informationsanordnungen und -verknüpfungen empfehlen wir, dass Sie bei Facebook nur Kontakte zu Menschen knüpfen, denen Sie Vertrauen entgegenbringen. So können Sie das Risiko weiter minimieren, dass Ihre persönlichen Daten ungewollt weitergereicht werden.

Facebook bietet zwar in den „Einstellungen" detaillierte Möglichkeiten, um Zugriffe auf angelegte Fotoalben, Meldungen oder Videos einzuschränken. Diese sind allerdings recht komplex und leider auch an verschiedenen Stellen im Menüsystem versteckt. Trotzdem sollten Sie diese Einstellungen gleich zu Beginn beachten und Zugriffe zunächst einschränken. Es hilft auch, immer wieder zu überprüfen, welche Ihrer Informationen für andere sichtbar sind.

Publikum bestimmen

Stellen Sie sich etwa vor, Arbeitskollegen, die Sie bei Facebook als Freunde hinzugefügt haben, erfahren von Fotos, die andere – auch ohne Ihr Wissen – von Ihnen in unpassenden Situationen gemacht und auf Facebook veröffentlicht haben. Unter dem Menüpunkt „Einstellungen" finden Sie zahlreiche Möglichkeiten, wie Sie sich vor solchen Überraschungen schützen können: Im Bereich „Profil" können Sie festlegen, welche Facebook-Nutzer Zugang zu Ihren Informationen haben – alle oder nur Ihre Freunde oder nur bestimmte Gruppen von Freunden. Sie können sogar einzelne Personen ausnehmen.

Was dürfen andere sehen, mit denen Sie nicht befreundet sind? Dies können Sie unter „Privatsphäre, Suche" definieren. Auch Ihre beruflichen Angaben können Sie vor unerwünschten Blicken schützen. Im Bereich „Neuigkeiten und Pinnwand" wiederum entscheiden Sie, ob das Knüpfen neuer Kontakte öffentlich gemacht werden soll oder nicht.

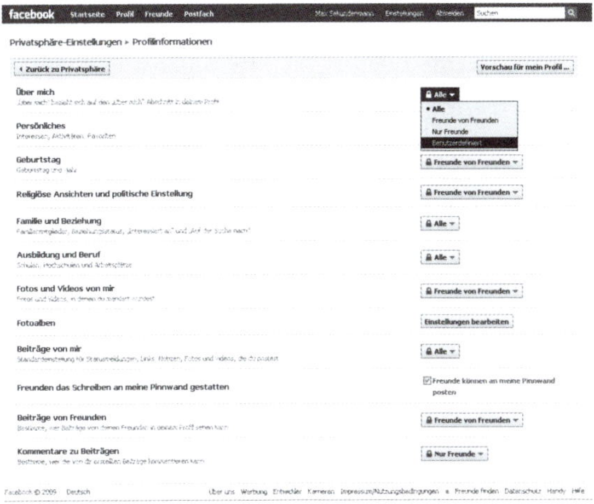

Klicken Sie alle Einstellungsmöglichkeiten durch. Wenn Sie nicht sicher sind, was sich hinter einer Auswahl verbirgt – gehen Sie auf Nummer sicher und deaktivieren Sie sie zunächst.

Tipp: Mit der Funktion „So sehen Freunde dein Profil" können Sie ausprobieren, wie sich die Einstellungen auswirken.

Tückisch – Fotos im Profil

Wie komplex – und dadurch für den Anfänger oft tückisch – Facebook ist, zeigt sich deutlich an dem Modul für Fotos. Veröffentlichen können Sie diese über den Menüpunkt „Fotos" in der linken Navigationsspalte Ihres neu angelegten Profils. Sie können nun nicht nur ein einzelnes Foto hochladen, sondern auch Alben anlegen und auf diese Weise Ihre hochgeladenen Bilder sortieren.

Wie bei allen Ihren Informationen auf Facebook können Sie nun bestimmen, wer diese Fotos und Alben sehen darf. Und hier wird es trickreich. So sollte man glauben, dass Sie – wenn Sie ihr Gesamtprofil nur Ihren Freunden zugänglich gemacht haben – Ihre Fotos nicht gesondert schützen müssten. Das ist aber sehr wohl der Fall, denn: Wenn Sie ein Foto veröffentlichen, so erscheint eine Miniausgabe davon in der Informationsleiste von Freunden und unter Umständen auch in der von deren Freunden! Obwohl diese mit Ihnen direkt nichts zu tun haben, können sie – standardmäßig – Ihr Foto sehen. Und nicht nur das: Über dieses Schlupfloch können sich auch Ihnen unbekannte Personen „hochklicken“ in das Album, das das Foto enthält, und so auch weitere Fotos von Ihnen sehen. Wohlgemerkt: All dies, obwohl Sie Ihr Gesamtprofil nur für Ihre direkten Kontakte freigeschaltet haben.

Wie umgehen Sie dieses Problem? Sehen Sie sich bei Fotos und Alben jedes Mal neu genau die Privateinstellungen an. Das einzelne Foto und das Album müssen beide beschränkt werden, wenn Sie nicht Ihre Fotos gesamtöffentlich machen wollen. Sie können, wie bei allen Facebook-Funktionen, aus den Facebook-Einstellungen wählen: „Alle“, „Freunde von Freunden“ und „Nur Freunde“ sind die Standards. Darüber hinaus besteht unter „Benutzerdefinierte Einstellungen“ die Möglichkeit, das Album nur einzelnen Listen (siehe nächster Abschnitt) Ihres „Freundeskreises“ zugänglich zu machen.

Wichtig ist zudem eine weitere Frage von Facebook: Sollen Fotos, die Sie in dieses Album einbinden, automatisch veröffentlicht werden, d. h. anderen als „neu" angezeigt werden? Diese Frage ist zum Beispiel dann relevant, wenn Sie per Handy Fotos von unterwegs an Facebook schicken. Sollten Sie zu einem späteren Zeitpunkt lieber noch mal in Ruhe Ihre Schnappschüsse durchgucken wollen, setzen Sie den Haken bei „automatisch veröffentlichen" besser nicht.

Tückisch – Kommentare und Pinnwand

Eine weitere, oft nicht beachtete Besonderheit von Facebook sind die Kommentare und die Pinnwand. Wie Sie gelernt haben, kann man die Nachrichten, die Facebook-Teilnehmer im sogenannten Statusbereich veröffentlichen, kommentieren und direkt auf die Pinnwand anderer Teilnehmer schreiben. Das macht einerseits Spaß und sorgt für Austausch. Andererseits vergessen manche Teilnehmer, dass diese Kommentare nicht nur von Absender und Empfänger gelesen werden, sondern auch von Freunden des Empfängers. Ob diese den Kommentar auch richtig verstehen, darüber wird leider nicht immer nachgedacht. Wenn Sie unter Ihren Facebook-Freunden nicht nur private Bekanntschaften, sondern auch Businesspartner oder Vorgesetzte haben, können Sie leicht in eine unangenehme Situation geraten.

Was können Sie tun? Erst einmal können Sie selbst ein gutes Vorbild sein: Bedenken Sie, dass Sie mit jedem Kommentar gleichzeitig auch zu allen Freunden Ihres Freundes sprechen und verhalten Sie sich besser entsprechend zurückhaltend. Umgekehrt können Sie zu Ihrem Schutz Ihren Freunden (oder einem Teil davon) das Kommentieren per Privateinstellung schlicht verbieten. Einerseits widerspricht dies zwar der weit verbreiteten Philosophie, dass Social Media den offenen Austausch befördern sollte. Andererseits ist dem Kommentator häufig gar nicht klar, in welchem Publikum er sich gerade befindet. Dies kann man ihm erleichtern, indem man ihn gar nicht erst zum Kommentieren verführt. Gerade dann, wenn Sie Facebook als Business-Account nutzen, ist es unter Umständen sinnvoll, die Kommentarmöglichkeit für Menschen zu deaktivieren, die ihr Facebook-Konto ihrerseits eher privat nutzen und entsprechend unbekümmert Statements veröffentlichen.

Wenn Sie umgekehrt Facebook als reinen Privat-Account nutzen wollen, sollten Sie erwägen dann auch konsequent dabei zu bleiben, und Businesspartner nicht ins Netzwerk lassen. Falls ein Geschäftskontakt anfragt, genügt eine freundliche, klassische E-Mail, in der Sie sagen, dass Sie bei Facebook nur zu einer Handvoll langjähriger enger Freunde Kontakt halten. (Falls Sie XING oder Twitter nutzen, können Sie dies als Alternative anbieten.) Falls das Ablehnen eines Geschäftskontakts trotzdem schwierig ist für Sie, bleibt eine letzte, etwas komplexere Alternative: Sie können private und geschäftliche Facebook-Freunde mit unterschiedlichen Informationen versorgen. Wenn Sie Vertrauen in die Technik von Facebook haben, können Sie dies über die im Folgenden erläuterte Funktion „Listen" regeln.

Listen bilden

Eine gute Möglichkeit, Informationen unterschiedlich zu verteilen bzw. zuzulassen, sind sogenannte „Listen“. Sie können für Ihre Facebook-Freunde Listen wie z. B. „Schulfreunde“, „Kollegen“, „Kunden“ oder „Partner“ erstellen. Schon beim Anlegen eines neuen Kontakts können Sie diesen in eine Liste einordnen oder eine neue Liste mit diesem Kontakt beginnen.

Der große Vorteil: Sie können bei den Einstellungen zur Privatsphäre ganzen Personengruppen (die jeweilige Liste nämlich) bestimmte Funktionalitäten verweigern. Wenn Sie z. B. eine Liste schaffen und sie „Kein Kommentar“ nennen, so können Sie diese Liste in den Privatsphäre-Einstellungen als Personen angeben, die Ihre Beiträge nicht kommentieren dürfen.

Sie finden die Listenfunktion schon beim Anlegen eines neuen Kontakts. Leider können Sie bei Facebook die Einstellungen für eine Liste nicht direkt bearbeiten. Sie müssen immer jeweils eine Liste gründen und diese Liste dann in den einzelnen Funktionen der Privatsphäre-Einstellungen jeweils ausnehmen oder zulassen.

Tipp: Wenn Sie die Listen nach ihrer Funktion benennen und einrichten statt nach der Personengruppe, behalten Sie leichter den Überblick: z. B. eine Liste „darf an Pinnwand schreiben" oder „darf kommentieren" etc. Außerdem können Sie so leichter individualisieren.

Ob Ihre Sortierung funktioniert, können Sie ebenfalls mit der Funktion „So sehen Freunde dein Profil" ausprobieren.

Es aber gibt auch ein paar Ihrer Aktivitäten, die Facebook anderen Nutzern verschweigt und die somit anonym bleiben. Dazu gehören

- Nachrichten, die Sie anderen Mitgliedern über das Facebook-eigene System zukommen lassen,
- Informationen darüber, wessen Profil und wessen Fotos Sie betrachten (anders als bei XING),
- Informationen zu Personen, die Sie als Freunde ablehnen.

Die meisten Ihrer Aktivitäten auf Facebook sind für Ihre Freunde sichtbar – es sei denn, Sie ändern dies in den Profileinstellungen. Um sich vor bösen Überraschungen zu schützen, können Sie Ihre Kontakte auch in Gruppen sortieren und dabei festlegen, welche Gruppe welche Ihrer Inhalte zu sehen bekommt.

4.2 Facebook beruflich nutzen

Je nach Ihrer Funktion und Position können Sie Facebook beruflich nutzen. Generell kann man sagen, dass Facebook umso sinnvoller ist, je mehr Sie ohnehin mit Öffentlichkeit und Außenkommunikation zu tun haben. Auch hier müssen Sie nicht unbedingt selbst etwas veröffentlichen. Wenn Sie das aber tun wollen, haben Sie per Facebook mehr Möglichkeiten als bei den übrigen Netzwerken.

Schwierig ist bei Facebook die Vermischung von Privatem und Geschäftlichem. Zwar können Sie mit der zuvor erwähnten Listenfunktion definieren, wer welche Informationen bekommt. Es lohnt sich zu überlegen, welchen Kreis von Menschen Sie wirklich als Facebookfreunde aufnehmen wollen. Sie müssen für ein Geschäftskonto nicht zwingend auch Privatkontakte einladen, umgekehrt können Sie Geschäftsfreunde bitten, sich mit Ihnen anderweitig zu vernetzen, wenn Sie Ihr Facebook-Konto ausschließlich privat nutzen wollen.

Kontakte knüpfen

Wichtig ist, dass jemand, der Sie über die Suche findet, Sie auch kontaktieren kann. Dafür müssen Sie beim Anlegen Ihres Profils bei den Privatsphäre-Einstellungen zur Option „Suche“ gehen. Dort sollten Sie die Optionen „Einen Link, um mir eine Nachricht zu senden“ oder „Einen Link, um mich als FreundIn hinzuzufügen“ ankreuzen. Über „Öffentlicher Sucheintrag“ legen Sie außerdem fest, ob Ihr Profil in Suchmaschinen indiziert werden darf. Wenn Sie diese Option aktivieren, wird Ihr Facebook-Profil künftig hoch gelistet auftauchen, wenn man nach Ihnen – etwa bei Google – sucht. Ob Sie diese Präsenz erreichen wollen, sollten Sie gut abwägen.

Beiträge veröfentlichen

Auf der Karteikarte „Pinnwand“ können Sie und die Besucher Ihres Profils Beiträge hinterlassen und Beiträge von anderen kommentieren/diskutieren. Dasselbe funktioniert natürlich auch in den Profilen von anderen. Vorausgesetzt, Sie sind mit dieser Person vernetzt. Kurze Neuigkeiten im eigenen Profil können Sie außerdem über die sogenannte Statuszeile ganz oben veröffentlichen („posten“) – entweder indem Sie direkt hineinklicken oder über das Formular „Was machst Du gerade?“.

Etwas zu veröffentlichen ist leicht, fast könnte man meinen, zu leicht. Sie brauchen nur den Text, den Sie online stellen wollen, in das Formularfeld einzutragen. Wenn Sie in das Formularfeld klicken, erscheinen zusätzlich noch die Optionen „Anhängen: Fotos, Video, Link“, die Sie bei Bedarf nutzen können. Dann klicken Sie auf „posten“ und die Nachricht wird geschickt. Über die Option „Link“ kann man zusätzlich zum Textbeitrag auf andere Online-Inhalte verweisen und diese sogar als Anhang beifügen. Durch das Anklicken der Schaltfläche „Anhängen“ aktiviert man die Verlinkung. Sinnvoll ist, die Veröffentlichungseinstellungen zu beachten. Sie können jede Nachricht „weltweit“ (wie bei Twitter) oder nur für bestimmte Kreise veröffentlichen. Es lohnt sich, diese Box vor dem Senden noch einmal zu checken.

Auf Ihrer Facebook-Startseite werden alle Ihre neuesten Beiträge zusammen mit denen Ihrer Kontakte in rückwärts chronologischer Reihenfolge angezeigt. So können Sie sich auf einen Blick darüber informieren, was es Neues für Sie gibt, und ggf. gleich darauf über die Buttons „Kommentieren“ oder „Gefällt mir“ bzw. „Gefällt mir nicht“ reagieren. So können Diskussionen entstehen. Tipps zum Umgang mit unerwünschten Kommentaren finden Sie in Unterkapitel 4.1.

4.3 Besonderheit: „Facebook Pages"

Speziell für Künstler, Initiativen oder Unternehmen sind die sogenannten Fanseiten oder „Facebook Pages" gedacht. Wenn Sie eine Standardseite besitzen, können Sie zusätzlich eine Fanseite anlegen. Wozu aber das Ganze, wenn Sie schon eine Seite haben? Es gibt einen entscheidenden Vorteil: Fanseiten sind öffentlich und Interessierte können sich sofort mit Ihnen verbinden, ohne dass Sie die Freundschaft bestätigen müssen. Sie haben auf diese Weise ein Abo-Prinzip wie bei Twitter (siehe Kapitel 3.3). Sie erhalten auf einfache Weise Abonnenten für Ihre Botschaften. Voraussetzung: Sie haben gute Botschaften, Produkte oder Tipps.

Ein weiterer Vorteil ist: Sie können diese Fanseite nicht nur selbst verwalten, sondern auch andere Facebook-Mitglieder zu Administratoren machen. So können z. B. alle Mitglieder einer Band Inhalte dort einstellen und editieren, während auf die einzelnen Profile von Schlagzeuger, Gitarrist und Sänger nur diese Personen selbst Zugriff haben.

Tipps zum Erstellen der Fanseite
Wenn Sie bereits ein persönliches Profil haben, können Sie im zweiten Schritt eine Fanseite erstellen. Bevor Sie die Seite erstellen können, müssen Sie ihr noch einen Namen geben und mit Ihrem vollen Namen unterschreiben. Wichtig: Der hier gefragte Name muss derselbe sein wie der, mit dem Sie den Account, von dem aus Sie die Seite erstellen, eröffnet haben. Dieser wird

auf der Seite übrigens nicht angezeigt, sondern dient nur zur Verifizierung. Dann wird die Seite erstellt und kann wie Ihr normales Profil mit Inhalten befüllt werden.

Tipp: Für Fanseiten ab 100 Fans kann man (wie auch für normale Profile – da aber ohne Beschränkung) unter http://www.facebook.com/username eine eigene Namens-Adresse anlegen.

Wenn Sie noch keinen Account haben und eine Seite unabhängig von einem persönlichen Profil anlegen wollen, geht das nur über diesen Link:

www.facebook.com/pages/create.php.

Hier müssen Sie sich nun für eine der Kategorien „Lokales“, „Marke“, „Produkt oder Organisation“ oder „Künstler, Band oder öffentliche Person“ entscheiden und dann aus den dort zur Auswahl gestellten Unterkategorien wählen.

Tipp: Schauen Sie sich bereits existierende Seiten an, die der, die Sie erstellen wollen, ähnlich sind, und wählen Sie dann dieselbe Kategorie beim Erstellen Ihrer Seite aus.

Drittanbieter: „Farmville“ und Co.

Wenn Sie bei Facebook Mitglied sind, werden Sie gelegentlich eine Aufforderung erhalten, an einem Spiel, Quiz oder Geburtstagskalender teilzunehmen. Besonders bekannt sind Simulationsspiele wie „Farmville“ oder Psychotests wie „Welcher Filmtyp bist du?“ Bei all diesen Anfragen handelt es sich um Zusatzmodule anderer Anbieter, denen das Unternehmen Facebook eine kommerzielle Plattform bietet. Wir raten Ihnen dringend davon ab, bei solchen Aktionen mitzumachen. Denn Sie erlauben damit Drittanbietern den Zugriff auf alle Ihre bei Facebook hinterlegten Daten. Und mehr noch: Sie erlauben diesen Drittanbietern, mit Ihren Daten zu arbeiten und sie zu veröffentlichen. Als Gegenleistung dafür erhalten Sie nicht mehr als das Ergebnis einer Quizfrage – für unser Empfinden kein angemessener Tausch. Sicherlich könnte man sagen, dass man seine Daten Facebook ohnehin zur Verfügung stellt. Bei Facebook profitieren Sie aber immerhin von der Teilnahme an einem sehr weit verbreiteten Netzwerk – und Sie können leichter vorhersehen, wo Ihre Daten bleiben – bei Drittanbietern ist das nahezu ausgeschlossen.

Facebook lässt sich beruflich dazu nutzen, um Kunden oder Interessenten über Produkte und Entwicklungen auf dem Laufenden zu halten. Ideal dafür sind die sogenannten Fanseiten, die Facebook Pages. Einen Facebook-Account zu betreiben will aber gelernt sein. Beruflich bieten sich Funktionsaccounts und/oder Fanpages anstatt eines personalisierten Profils an.

4.4 Noch mehr Social Media

Alle existierenden Social Media zu nennen, würde den Rahmen dieses Buches sprengen. Dennoch wollen wir hier noch kurz auf drei Plattformen eingehen.

YouTube

YouTube ist nicht nur ein Portal, auf dem man sich Videos anschauen kann, sondern tatsächlich auch eine Social-Network-Plattform. Sie können nämlich Mitglied werden. Das ermöglicht Ihnen, eigene Videos hochzuladen, die andere Nutzer sich dann ansehen und kommentieren können. Außerdem haben Sie bei YouTube einen eigenen sogenannten „Channel". Dort können Sie auf die Videos hinweisen, die Sie selbst mögen – natürlich auch die, die Sie selbst hochgeladen haben.

Flickr

Es handelt sich hier um ein Web-Dienstleistungsportal mit Community-Elementen, das Benutzern erlaubt, digitale und digitalisierte Bilder mit Kommentaren und Notizen auf eine eigene Profilseite zu laden und so anderen Nutzern zur Verfügung zu stellen. Neben dem herkömmlichen Hochladen über die Website können die Bilder auch per E-Mail oder vom Fotohandy aus übertragen werden und später von anderen Webauftritten aus verlinkt werden. Sowohl privat als auch geschäftlich gibt es zahlreiche Einsatzmöglichkeiten: Ob Sie Fotos vom nächsten Urlaubsziel vorab ansehen möchten oder nach einer Veranstaltung Bildmaterial zum Download anbieten wollen – Flickr ist für beides gleich gut geeignet.

Social Bookmarking

Eine Fundgrube für nützliche Links sind die sogenannten „Social Bookmarks". Die „Internet-Lesezeichen" funktionieren im Prinzip wie die Favoritenliste

Ihres Internetbrowsers, allerdings im Netz und vernetzt. Social-Bookmark-Netzwerke können neben dem Sammeln von Links und Nachrichtenmeldungen auch zum Bündeln von Podcasts oder Videos konzipiert sein. Wenn Sie Weblinks zum Beispiel mit delicious.com online speichern, haben Sie diese an jedem Rechner parat. Darüber hinaus können andere Nutzer von Ihren online gespeicherten Favoriten profitieren. Und Sie können sich auf diese Weise mit einer gepflegten und tagesaktuell gehaltenen Linksammlung als Experte positionieren. Die Dienste bieten in der Regel aber auch die Möglichkeit, Bookmarks zu speichern, ohne diese anderen zugänglich zu machen.

Was ist Hype – was bleibt?

Wenn wir Sie ein wenig für das Thema Social Media begeistern konnten, fragen Sie sich jetzt vielleicht, wohin die Entwicklung in diesem Bereich geht, und welche Netzwerke in zwei Jahren noch bestehen. Unsere Meinung ist: Auch wenn XING, Twitter oder Facebook als Firmen nicht überleben sollten, die Philosophien und Funktionen dieser Dienste werden so stark angenommen von den Menschen, dass sie ziemlich sicher bleiben werden. Und mehr noch: Sie werden mehr und mehr Lebensbereiche beeinflussen. Je eher man sich mit ihnen – enthusiastisch oder kritisch – auseinandersetzt, desto eher ist man „fit“ für diese neuen Medien.

Mit der weiteren Verbreitung von Smartphones wird es zudem auch immer leichter, jederzeit mit dem Netz verbunden zu sein und auch von unterwegs Daten abzurufen und bereitzustellen. Neue Dienste verknüpfen sogar die lokale Position per GPS-Modul im Handy. Inwieweit diese zusätzliche Offenheit gewollt ist oder sich etabliert, lässt sich schwer sagen. Die entsprechenden Dienste wie Foursquare oder Gowalla werden jedenfalls bereits tausendfach genutzt.

Und nicht nur die Menschen vernetzen sich weiter – auch die Plattformen untereinander tun dies. Als Twitternutzer können Sie schon jetzt Ihre Meldungen automatisch bei Facebook anzeigen lassen. Viele andere Websites setzen ebenfalls auf Facebook, etwa To-Do-Listen von http://www.rememberthemilk.com oder Reisepläne bei http://www.dopplr.com. Mit einem Klick können Sie so eine ganze Lawine von Meldungen lostreten – dabei aber auch plötzlich ein viel klareres Bild von sich zeichnen, als es jeder einzelne Dienst zuließe. Die niederländische Website http://www.pleaserobme.com hat das eindrucksvoll gezeigt, in dem sie Twittermeldungen extrahierte, in denen Leute sagten, sie seien gerade nicht zu Hause.

Dieselbe Problematik zeigte auch Googles Social-Media-Entwurf http://www.google.com/buzz, bei dem von E-Mail bis Twitter alles in einer Schaltzentrale zusammengeführt und im Freundeskreis veröffentlicht wurde. Selbst Experten fiel es schwer, bei Buzz den Überblick darüber zu behalten, wer welche Informationen über welchen Umweg erhalten hatte. Das Ergebnis: Nutzer fragen nun über andere Social Media nach dem „Aus-Knopf" von „Buzz".

Durch all diese Entwicklungen wird daher unserer Meinung nach nicht nur die Bedeutung von Social Media zunehmen, sondern mutmaßlich auch das Verständnis der Menschen für die Implikationen, die die digitale Öffentlichkeit mit sich bringt. Wir haben unser Verhalten noch an jedes neue Medium angepasst und im Umgang damit gelernt. Das wird auch bei Social Media so sein. Wir wünschen Ihnen, dass Sie von Beginn an Social Media so nutzen können, wie es für Sie und Ihre persönlichen und beruflichen Zwecke sinnvoll ist. Viel Erfolg!

Facebook ist das in der westlichen Welt meistgenutzte Netzwerk. Neben der persönlichen Profilseite lassen sich auch sogenannte Fanseiten für Künstler, Produkte oder Themen einrichten. Facebook bietet so die Chance, mit Kunden, Kollegen usw. in einen profitablen Austausch zu treten und Informationen zu Produkten und Themen regelmäßig an andere Facebook-Mitglieder zu verteilen. Es gibt darüber hinaus zahlreiche andere Social-Media-Werkzeuge. Besonders beliebt sind YouTube, Flickr und das Social Bookmarking. Während niemand weiß, welche einzelnen Dienste überleben und welche neuen kommen werden, kann man davon ausgehen, dass die Grundprinzipien und Funktionen von Social Media auf lange Zeit erhalten bleiben.

Linktipps

Social Media

http://www.wiwo.de/karriere/die-macht-der-kontakte-403322/

Artikel auf dem Internet-Portal der Wirtschaftswoche über die Bedeutung sozialer Netzwerke.

http://talk-social.de/

Tipps, Workshops und Vorträge zu Facebook, Twitter & Co.

XING

http://www.rumohr.de/blog/

Tipps & Tricks, Seminare und Newsletter vom offiziellen XING-Trainer Joachim Rumohr.

http://karrierebibel.de/mein-space-%E2%80%93-10-tipps-fur-das-perfekte-xing-profil/

Autor Jochen Mai nennt seine „10 Tipps für das perfekte XING-Profil".

http://www.best-practice-business.de/blog/?p=2566

Tipps von Burkhard Schneider zu XING.

Twitter

Für Ihren Start bei Twitter zunächst einige Empfehlungen für Twitterer, denen Sie folgen können:

Die Autoren: timschlueter, michaelmuenz, talk_social

Nachrichten-Magazine: spiegel_eil, bild_aktuell, cnn_brk

Twitter-Tipps: m140z (deutsch); twitter_tips (englisch)

Deutsche Schauspieler: kesslermichael

Vordenker im Bereich Social Networks: saschalobo (Werber und Blogger); klauseck (Social-Media-Experte);

homofaber (IT-Journalist)

Empfehlungen für Webseiten: Dabr.co.uk (insbesondere für mobile Nutzung); Tweete.net (auch für mobile Nutzung); Hootsuite.com (auch für Multi-Konten); Cotweet.com (auch für Multi-Konten)

Desktop-Anwendungen zum Runterladen: Tweetdeck.com, Seesmic Desktop

Nokia S60-Anwendung: Gravity

Twitter für das iPhone: Twitterific; Tiny-Twitter
Twitter für BlackBerry: ÜberTwitter

Facebook
http://www.computerbild.de/videos/Facebook-So-funktioniert-das-soziale-Netzwerk-3917380.html
COMPUTER BILD vermittelt die Facebook-Grundlagen.

http://www.fuellhaas.com/2009/04/23/5-regeln-fur-erfolgreiche-beziehungen-auf-facebook/
Tipps für erfolgreiche Beziehungen auf Facebook von Karsten Füllhaas.

http://mashable.com/2009/04/28/facebook-privacy-settings/
Die wichtigsten Einstellungen zur Wahrung der Privatsphäre bei Facebook.

http://www.meetinx.de/facebook-profil-account-loeschen-mit-einem-klick/
Hinweise zum Löschen des Facebook-Profils.

http://www.hongkiat.com/blog/20-facebook-tips tricks-you-might-not-know/
Vom Chat bis zur Fotoverwaltung, von Firefox bis Quiz – 20 Tipps für Facebook-Fortgeschrittene.

Register